TOO FLEXIBLE TO FEEL GOOD

动中求稳

预防运动损伤，
平衡灵活性和稳定性

〔美〕西莱斯特·佩雷拉　〔美〕阿德利·布里奇斯◎ 著
朱梦麟　吴程翰◎译

北京科学技术出版社

著作权合同登记号：图字01-2023-0423

图书在版编目（CIP）数据

动中求稳：预防运动损伤，平衡灵活性和稳定性 /（美）西莱斯特·佩雷拉 (Celest Pereira)，（美）阿德利·布里奇斯 (Adell Bridges) 编著；朱梦麟，吴程翰译. — 北京：北京科学技术出版社，2023.5
  书名原文：Too Flexible to Feel Good
  ISBN 978-7-5714-2954-6

  Ⅰ. ①动… Ⅱ. ①西… ②阿… ③朱… ④吴… Ⅲ.①全面身体训练 Ⅳ. ①G808.14

中国国家版本馆CIP数据核字(2023)第038926号

责任编辑：于庆兰
责任校对：贾 荣
责任印制：吕 越
封面设计：申 彪
出 版 人：曾庆宇
出版发行：北京科学技术出版社
社　　址：北京西直门南大街16号
邮政编码：100035
电　　话：0086-10-66135495（总编室）　　0086-10-66113227（发行部）
网　　址：www.bkydw.cn
印　　刷：北京宝隆世纪印刷有限公司
开　　本：787 mm×1092 mm　1/16
字　　数：172千字
印　　张：13.75
版　　次：2023年5月第1版
印　　次：2023年5月第1次印刷
ISBN 978-7-5714-2954-6

定　　价：98.00元

序 言

　　大家好，我是埃里克·科布（Eric Cobb）博士，是 Z-健康与运动表现的创始人。Z-健康与运动表现是一家教育公司，致力于研究以脑（译者注：在中文里，脑和大脑一般都混用。但本书中建议严格区分脑、大脑、小脑这些概念。所以脑和大脑在本书翻译中不等同。）或神经科学为背景的训练方法。我们花费长达20年的时间，将脑科学带入了健康、健身、止痛和康复领域。我们的主要服务对象是各类专业人士，帮助他们从生物力学视角转变为以神经生物力学视角观察身体和运动。

　　最近我遇到了许多了不起的人物——来自世界各地的医生、治疗师、研究人员、教练、运动员，等等。他们跟随我一起学习，我也从他们身上学到了很多东西。这些人都是行业里的精英，他们总是以罕见的热情帮助自己的客户。他们保持持续学习、成长的状态并积极改变，这已成为一种成功模式。西莱斯特（Celest）和阿德利（Adell）也都是其中的一分子，所以我十分荣幸受她俩的邀请来写这篇序言。

　　1年前我通过Instagram（一款运行在移动端上的社交软件，以一种快速、美妙和有趣的方式将你随时抓拍下的图片彼此分享）认识了她们。虽然我对社交媒体的认识有些保守，因为每小时都会有大量的错误信息被社交媒体发往世界各地，但不可否认的是，它仍然可以成为一股强大的正面力量。

　　我第一次了解她们的工作，是通过她们的社交媒体账号。其中的一些照片和文字立刻吸引了我，因为这些内容与我们对关节过度活动的认知非常吻合。她们所创造的方法让关节过度活动者的生活质量得到了改善，而且她们的初衷是为了让每个人能够更好地训练，这些都让我对她们的工作产生了浓厚的兴趣。在随后的一年里，我们保持交流，我将神经学方法介绍给她们，并被她们引入到工作中。当然，在此之前她们的工作已经完成得非常出色。

　　这项工作对我来说非常重要。

　　作为一名神经学的研究者，我对不同人群脑功能和结构的差异兴趣颇深。再加上曾经有和专业舞者与世界顶级体操运动员共事的背景，我已经投入了大量时间来整理关节过度活动与脑相关的最新研究。

　　从目前的研究来看，运动与脑功能的大量背后的机制已经被人们揭示，这些内容非常有趣。简单概括来说，就是关节过度活动者的脑部也与众不同。这种差异不仅对运动来说非常重要，在疲劳、疼痛、焦虑和许多其他方面也至关重要。但随之而来的问题是，我们该如何利用这些信息，才能使其在实践中得到应用？

我相信在这本书中，你会找到一些关键答案。虽然部分材料乍看有些怪异，但请放心，它们的背后有非常可靠的研究，也历经了在真实世界的应用。

令人遗憾的是，在传统训练方法中，关节过度活动人群一直得不到针对性的服务或者充分的重视。但又如同前面所说，当前研究已经清楚表明，关节过度活动者的脑部与众不同。这意味着，必须设计针对性的训练计划，才能使这些易变形的身体（关节过度活动者的身体）尽可能保持无痛及功能正常。

在过去的一年里，西莱斯特和阿德利研究了以脑科学为基础的训练理念，并将它们整合到原先的训练和教学体系中，取得了显著成果。我非常开心地看到她们此次将这些理念融入这本书里，也很期待各位读者朋友能在自己的训练中应用这些理念，相信你的人生将从此发生改变。

永不止步。

埃里克·科布博士
Z-健康与运动表现创始人

目　录

引　言

————

　　有这么一群特别的人，他们天生柔韧性好于常人，或许你就是其中之一。

　　大部分人会觉得这不是什么问题，但过度的柔韧性让他们身心疲惫、苦不堪言。他们就如同风雨中残破的小船，早已失去了正常行驶的能力，孤立无助地漂荡在汪洋大海中，眼睁睁看着其他的船舶从身旁驶过。

　　不仅如此，他们可能有严重的肠道问题，即便常年保持健康的饮食方式，但仍无法像其他人一样每天排出健康成形的粪便。

　　他们总是需要孤军奋战对抗焦虑。即便他们拥有丰富的冥想和呼吸技巧，来获得短暂的平静和安宁，但他们仍仿佛身处黑暗难见光明。

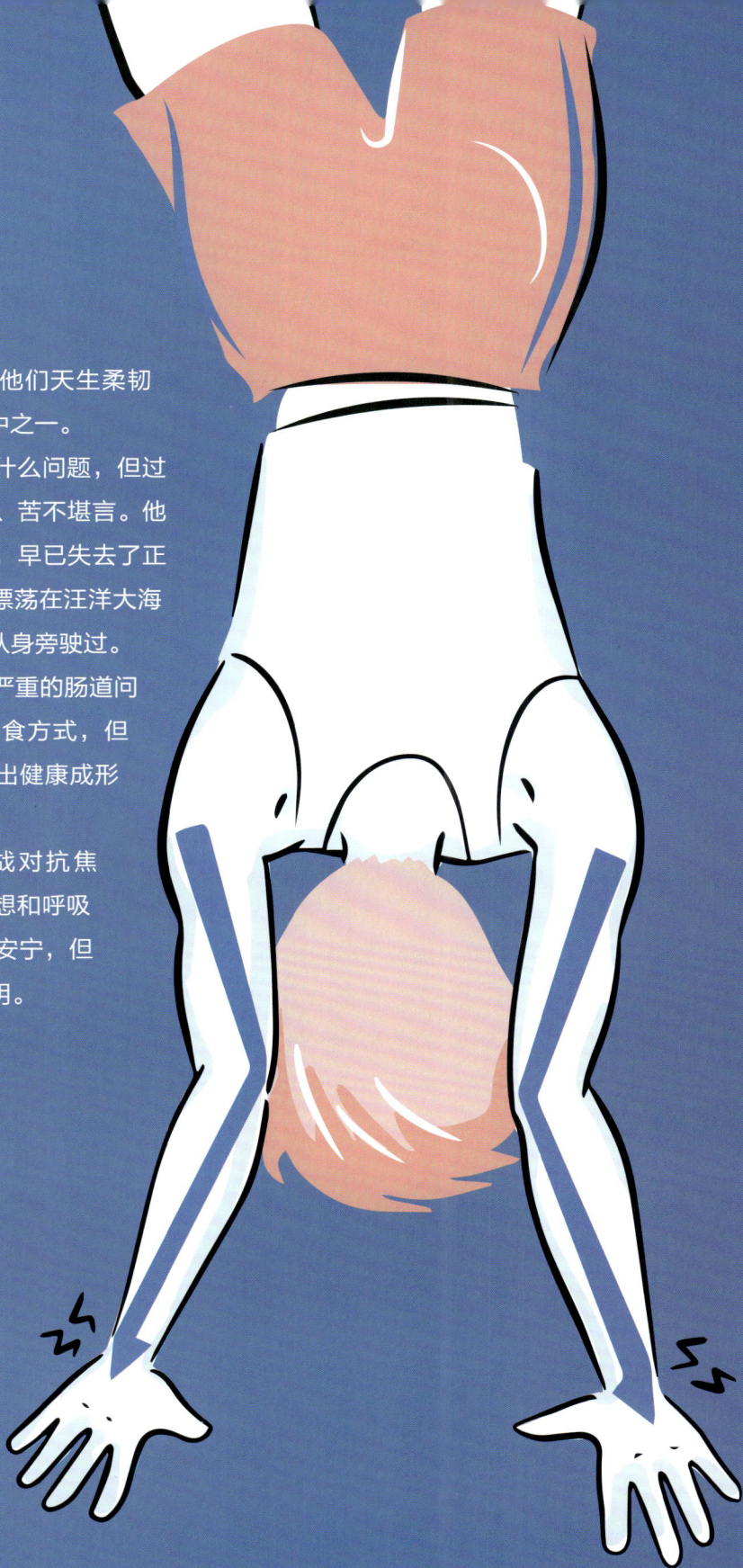

这群人生来与众不同，却难以被医生、朋友、周围的人理解，总是被人们当成疑病症（患者担心或相信自己患有一种或多种严重躯体疾病，反复进行医学检查但找不到问题）患者，甚至精神障碍的人。

虽然你可能没有留意，但实际上这样的人就存在于我们周围，他们所面临的问题被称为关节过度活动谱系疾病（简称为关节过度活动）。在你开始阅读本书的这一刻，就代表着你将走入他们的世界，将会对他们的与众不同有更多了解。

如果你发现自己"柔韧性太好而导致身体不舒服"或者"前面的描述简直就是我本人！"那么你更应该继续阅读下去。我确定地告诉你，这些感受和症状并非幻觉，都是真实存在的。你既没有疑病症，也不是异类，更不是孤立无援，世界上存在着很多和你一样的人。

什么是关节过度活动？

关节过度活动是一类谱系疾病，据统计总人口中有15%～20%的人存在这种问题。虽然理论上患有这个问题的人群可能比身高超过180 cm的人都多，但实际上却很难确切知道，到底有多少人受这个问题的影响。因为很多患者并没有被确诊，甚至没有意识到自己存在这个问题。

所以当你在任何人面前，甚至是医生面前提到它，人们的反应都可能是："哇，我从来没听说过还有这种疾病！"缺乏对这种疾病的认知，才是比疾病本身更可怕的事情。

而之所以缺乏对这种疾病的认知，其中一个重要原因是：谱系特性使这个疾病的表现不是很直观，不像在手上多长出了一根手指能轻易被看出来。作为一种谱系疾病，它并不会对每个人都造成同样的影响，有些人即使患病，也不会影响正常生活；但另一些人可能就会因此患上慢性疾病，而且症状如同定时炸弹，这些人要随时随地做好与各种各样的症状对抗终生的准备。

向勇敢的 EDS 患者们致敬

埃勒斯－当洛斯综合征（Ehlers-Danlos Syndrome，EDS），是关节过度活动疾病谱系中的一种，它会使人越来越虚弱。EDS 是一种非常复杂的疾病，深入了解它的细节超出了本书将要讨论的范围。但我依旧想借此机会向所有患有 EDS 的朋友们致敬，致敬你们能够勇敢地面对生活中的巨大挑战。

EDS 是一种基因突变疾病，它使人变得异常柔软。患者们面临着无穷无尽的问题，例如，关节时常脱位和骨折，身体频繁出现瘀伤，器官和血管容易破裂，眼睛也容易发生病变，甚至呼吸都可能出现问题。而这只是 EDS 患者可能面临的部分问题。如果你是一位 EDS 患者，很抱歉我们未能在本书中给予你们应有的关注。但如果这本书广受欢迎，我们获得了足够的赞助，就将专门出一本书，为这个被忽视的群体展开详细讨论。

经过大量的调查发现，许多关节过度活动的患者，都存在于谱系之中。其中一些人因为发现了自己的异常症状而感到困惑；另一些人则被确诊并为此支付了昂贵的医药费。

关节过度活动的人究竟表现如何？怎样判断自己是否有此类问题？如果你是瑜伽教练、舞蹈老师或体育教练，怎样才能识别这种问题，从而保护你的学生免受关节过度活动引发的损伤？

实际上我们认为关节过度活动这个命名不太恰当。觉得它被称为关节过度灵活更为恰当。关节过度灵活的人最明显的特点就是超级柔软。他们中的大部分人会表现为膝关节和肘关节过伸（伸直时超过180°）。他们在亲友聚会上可以表演把肩膀轻易弄脱臼，玩桌游时可以像折纸一样把自己折叠起来，练习瑜伽的时候可以把头扭到一般人无法达到的位置，或者在挖鼻孔的时候手指能向后弯曲。

我们在后文中会更加详细地介绍这些令人惊讶的症状。目前可知的是：关节过度灵活的人，有些正在逐渐走向失控的边缘，而有些正在采取必要的措施让身体健康大为改善。非进即退，顺从和抗争，只有一个选择。

我们写下这本书，就是为了那些不仅想控制症状，还想驾驭自己身体特性的人们。我们很多时候把存在关节过度活动的人们称为关节过度活动者或"柔软家族"，他们是这个故事的主角，也是故事里的英雄。

认识阿德利和西莱斯特

我曾认为，生活的真谛是和痛苦共存。我把发出"呜咽"的膝关节和肘关节看作努力运动后留下的战利品。"没有痛苦就没有收获"是我练习体操和瑜伽时的口头禅。

德利

我把瑜伽垫视作自己的竞技台，在上面努力摆出各种体式，甚至将身体折叠成甜甜圈的样子。通过练习瑜伽，让我学会了自我审视，也学会了自我倾听。虽然我听见了来自身体的声音（它发出疼痛的呜咽，恳求我克制），但我却没有弄懂它声音的真实含义。

"你的瑜伽练得真棒！"我常常听到此类赞美并沉浸其中。我努力坚持练习就是为了获得更多赞美。但与此同时，我的身体开始出现越来越多恼人的症状，从无法解释的严重疲劳，到奇怪的消化问题，虽然它们不足以致命，但却逐渐开始影响我的生活。而我的朋友们都认为这些并不需要处理，医生也告诉我这些不算什么问题。

幸运的是，在我参加瑜伽教练培训时，对解剖学有了更进一步的理解。为了学习，我成了"世界级谷歌搜索大师"。在某个并不特殊的日子里，我同往常一样打开谷歌搜索资料，好像是关于"如何练习大劈叉（超过180°的劈叉）"的问题，也可能是"更大幅度的后弯技巧"，具体是什么记不太清了，但重要的是，这次搜索让我发现了关节过度活动谱系疾病。当我阅读网页上所述的症状，仿佛在阅读一本日记，记载了我日常生活的点点滴滴。

我很希望自己当时能立刻认识到，改变当时的生活方式和瑜伽练习方式就能缓解所有症状。但遗憾的是，生物力学知识的匮乏，以及对瑜伽练习的执念，让我在后来又走了很多弯路。只能说当时还太年轻。但随着时间的推移，我开始逐渐体验到：把我的超强柔韧性、身体敏感这些特质，和力量及稳定训练结合起来时，我变得比以前更像一个"超人"。原先的我不情愿做出任何改变，现在的我反而热衷于改变。

莱斯特

从小我就很喜[欢]曲棍球，渴望能加[入]球队。但我的小腿[总]是受伤，让我在所[有]运动项目中都频繁[碰]壁。直到后来，我[开]始尝试舞蹈。终于，[在]这个项目中，我能[展]现出不错的灵活性[和]敏捷性。这让我有了适合自己的项目，舞蹈既不[需]要我是高个子，又能利用我与生俱来的柔韧性。

但从小到大我不断与疼痛对抗，我总是经历外伤或者莫名其妙的疼痛。我的肠胃问题也很严重，经常逛超市逛到一半需要到处找厕所。而且我的情绪非常敏感，总是因各种事情而引发焦虑，时常心跳过速。

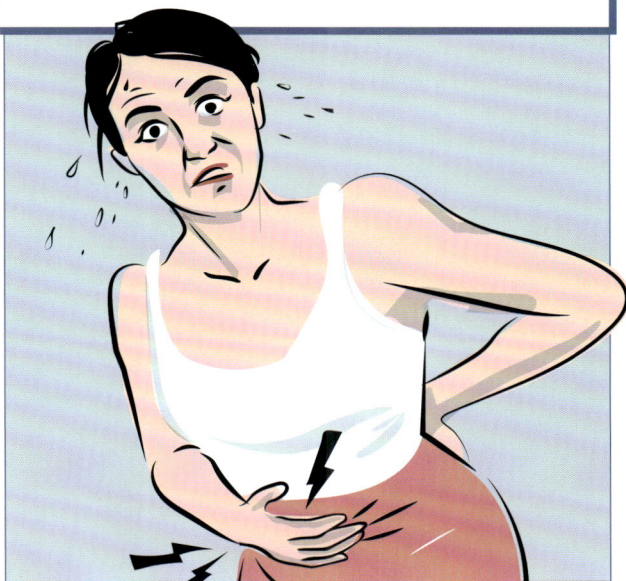

在攻读物理治疗学位期间，我接触到关节过度活动谱系疾病。遗憾的是，当时我并没有把这些知识和自己的问题联系起来。直[到]在练习瑜伽的过程中，我经历了损伤，这些伤使我不得不开始接[受]物理治疗。当时，身体已经呼唤我做出改变，但即便如此，过度[的]自尊心依旧占了上风。它控制着我，让我忽略了身体问题，沉迷[在]社交软件上获得更多点赞。

多次接受物理治疗后，我最终被确诊为关节过度活动谱系疾病。[正]是这个诊断挽救了我，帮我后来找到了安全的瑜伽练习方法。

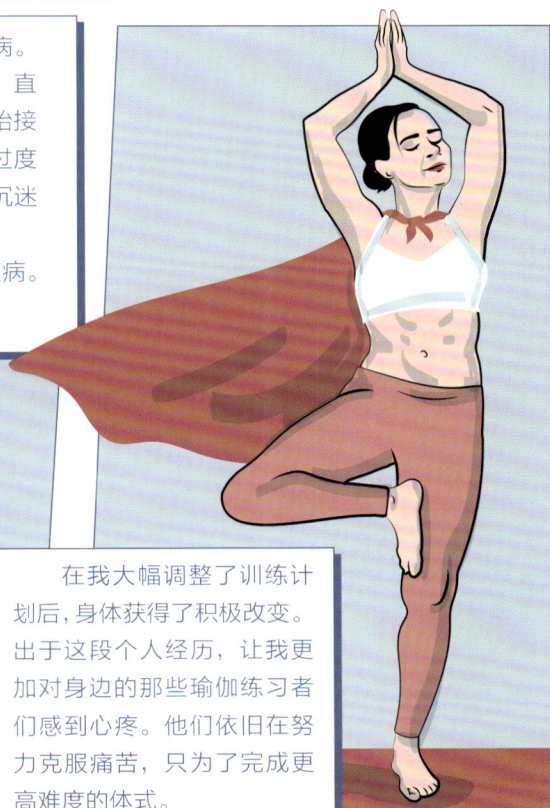

关节过度活动!!!

在我大幅调整了训练计划后，身体获得了积极改变。出于这段个人经历，让我更加对身边的那些瑜伽练习者们感到心疼。他们依旧在努力克服痛苦，只为了完成更高难度的体式。

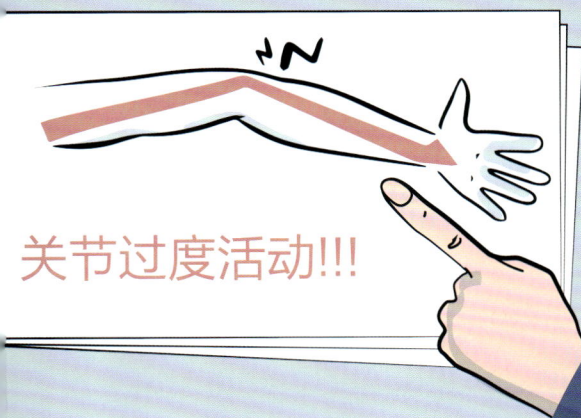

ROM：关节活动范围（range of motion），是指在任何给定方向上关节可以移动的范围。我们会在第一章以及第十章中更深入地讨论它。

灵活性：特指有用的活动范围。例如，身体的某个部位可控的移动能力。

从某种程度上说，我们可以把灵活性看作柔韧性与力量的结合。关节过度活动者通常力量较弱，虽然他们能将自己卷成"面包圈"，但这靠的是外力，比如利用重力、用手辅助牵拉或利用道具拉动。想象这里有一位正在进行大劈叉的人，双脚撑在两张椅子上，臀部却能够碰到地面，这就是典型的依靠重力帮助，他们的腿部肌肉并没有力量。假设此时将两张椅子移走，那么此人的腿就会不受控制地落向地面。

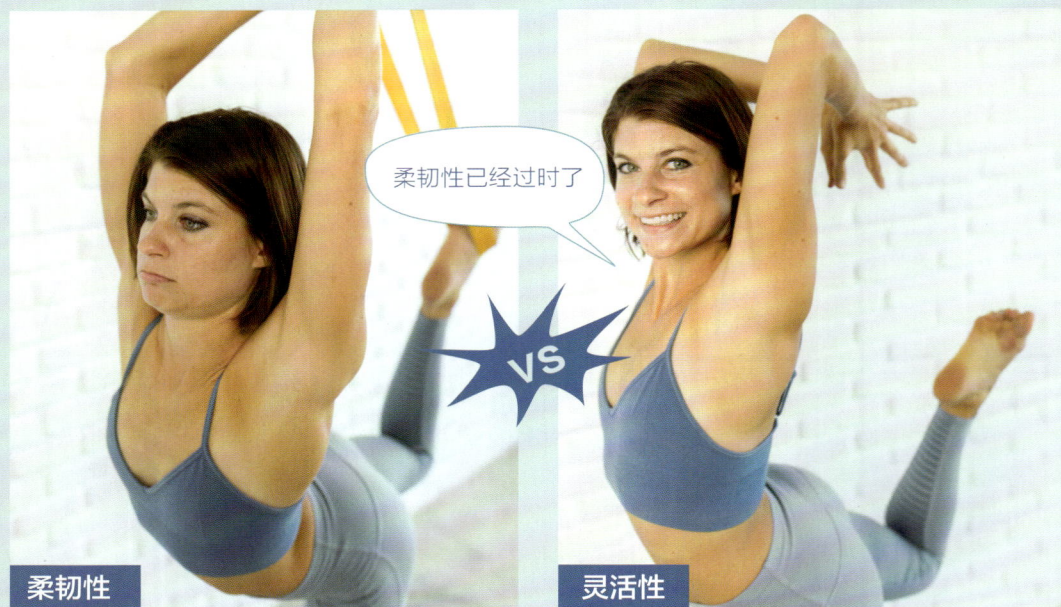

柔韧性已经过时了

VS

柔韧性

灵活性

胶原蛋白：是人体内含量最丰富的蛋白质，是构成筋膜和软组织（如肌肉、肌腱和韧带）以及肠道内壁、血管壁和皮肤的主要元素。胶原蛋白的破坏是导致关节过度活动谱系疾病的重要原因。当它遭受破坏产生额外的弹性时，就会导致关节过度活动者出现过度的柔韧性。

张力：在本书讨论的范围内，张力指的是身体结构保持其形状的能力。张力越大，其中储存的势能就越大。比较一下普通橡皮筋和蹦极用的弹力绳就很容易理解：我们可以轻松扯住橡皮筋两端将其拉长，这代表它的张力很小；但换作蹦极用的弹力绳就很难用手拉开，这代表它的张力很大。换句话说，弹力绳可以让蹦极的勇士挂在上面安全回弹；而若是在橡皮筋上挂一个重物（甚至是一个人），它就会被拉断。我们的身体需要较大的张力来保持结构。

为什么会出现关节过度活动？

你可能已经在上一页中留意到，胶原蛋白不仅存在于影响人体活动范围的部位（如肌肉、韧带等），它还参与构成血管和消化器官。所以很多"柔韧者"往往会有过度柔韧的血管、弹性过大的皮肤及消化道。在他们身上，这些部位缺乏维持正常工作所需的张力。

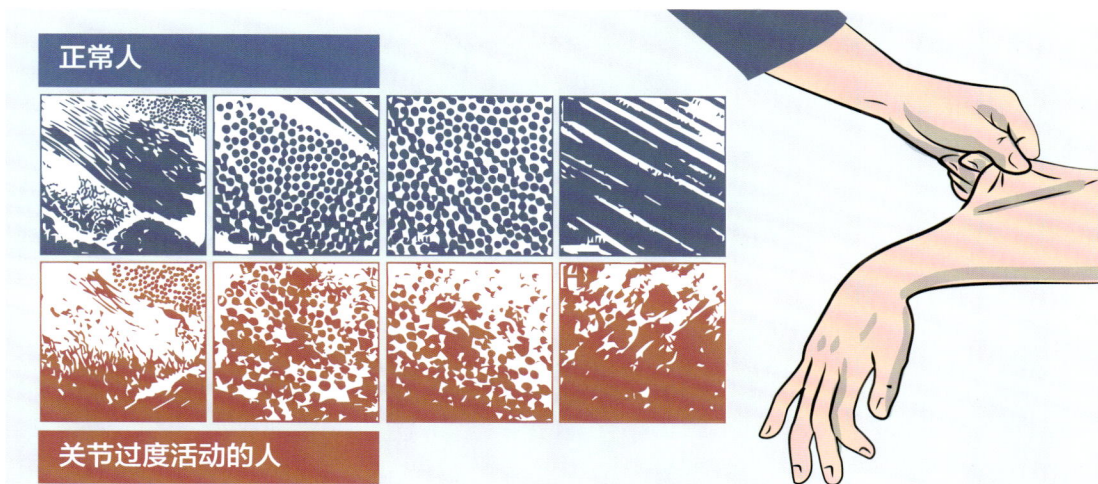

前文也有提到，造成这一问题的原因就是胶原蛋白组织被破坏，这可能会影响身体的局部乃至所有区域，影响程度取决于医生诊断出的严重程度。很多关节过度活动者不仅会出现肌肉和结缔组织（又名肌筋膜系统）的问题，还有些人会伴随肠道和消化问题，如肠易激综合征、胃酸反流和便秘。由于存在这些问题，他们比普通人群更容易诱发焦虑。关节过度活动者还更容易产生过度疲劳。此外，哮喘、偏头痛、纤维肌痛、体位性心动过速综合征、低血压、失眠、器官脱垂、膀胱炎、痔疮、静脉曲张等问题，在关节过度活动者中出现的比例也更高。

从好的方面来说，他们患动脉粥样硬化的风险更低；此外，从理论上来说分娩通常更为容易。因为身体组织过大的弹性可以减轻婴儿从产道娩出时产生的不适。但这毕竟是分娩，所以实际也只比普通人容易那么一点而已。

需要注意的是，不要以为发现这些症状，就能判定自己或身边人存在关节过度活动。这些症状只是易发于关节过度活动人群。如果你发现自己存在一些严重症状，先不要担心，可以参考贝顿量表（Beighton scale）做出判断。

由于关节过度活动综合征非常复杂，而且很多患者即使处于关节过度活动谱系疾病中，也没有表现出明显症状，所以贝顿量表至今也没有得到医学界公认。但这不影响它目前仍是被广泛使用的评估手段之一。

以下是贝顿量表中包含的测试。每完成一项就计1分（共9分）。

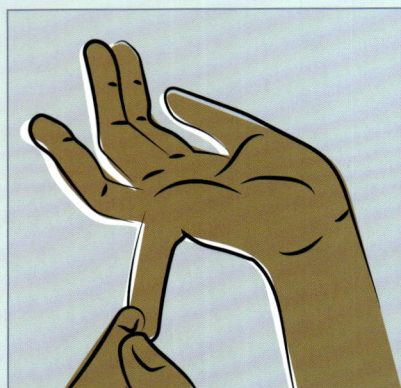

1 右手小指向后弯曲能超过 90°。

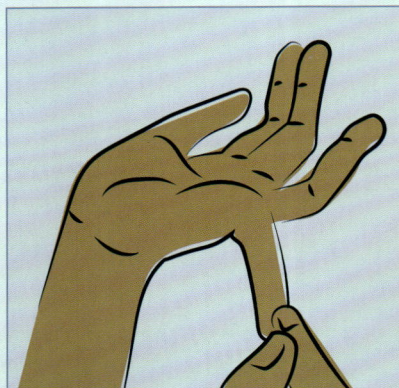

2 左手小指向后弯曲能超过 90°。

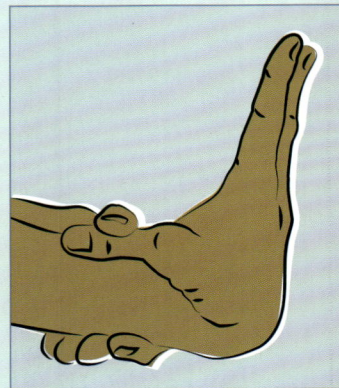

3 右手腕向下弯曲，能让拇指接触到前臂。

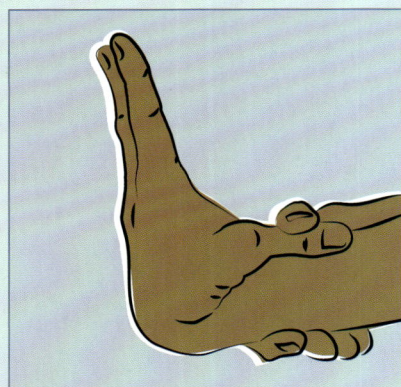

4 左手腕向下弯曲，能够让拇指接触到前臂。

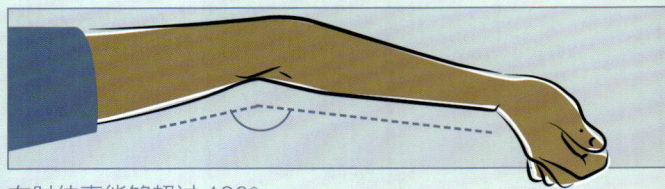

5 右肘伸直能够超过 180°。

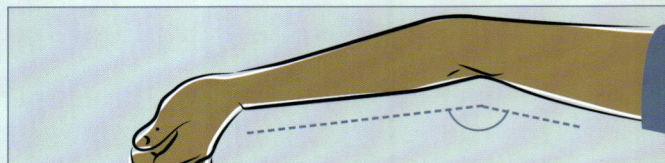

6 左肘伸直能够超过 180°。

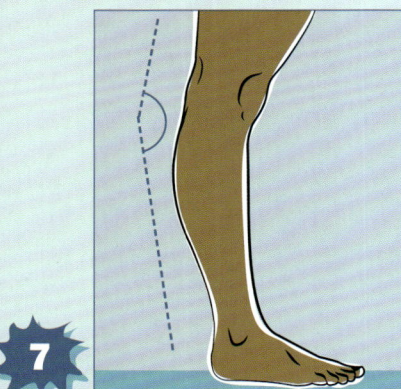

7 右膝伸直能够超过 180°。

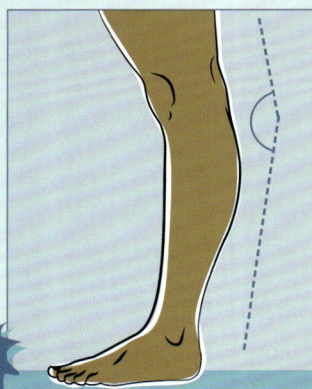

8 左膝伸直能够超过 180°。

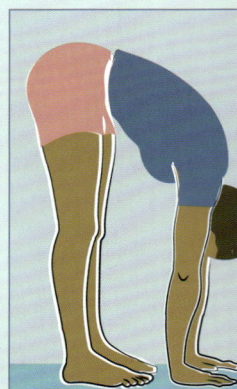

9 站姿下，能够在保持膝伸直的同时，双手手掌在地面上。

关节过度活动测试：小指

关节过度活动测试：膝关节

关节过度活动测试：拇指

关节过度活动测试：肘关节

　　有些人认为，如果得分达到 2 分或以上，就能被判定为关节过度活动者。但另外一些人认为达到 4 ～ 5 分才可以。所以很难说哪种更可信，而且考虑到这是一种谱系疾病，即使只得到 1 分，也可能代表存在于谱系上。所以我们认为重点不在得了几分，而在于这些表现是否代表可能患有疾病，并且这种表现会导致你出现疼痛，或者在未来生活中将面临疼痛风险。

　　所以这才是本书想要讨论的话题。那么在这之前，我们再来看看关节过度活动不是什么。

关节过度活动不是什么？

人们总是喜欢把复杂的问题归咎于单一原因，比如当我们得知一种疾病会从头到脚影响身体时，就会把它当作一切不顺的源头。当然，这种心情可以理解。就好像很多人发现避免食用麸质食品后，皮肤变得更有光泽，精力变得更旺盛，也不再经常胀气，就会把之前遇到的一切不顺都归咎于麸质过敏。但实际上身体问题和生活问题之间有时并没有直接联系。开车一路绿灯，上班升职加薪，这些并不是不吃麸质就能带来的改变。

关节过度活动谱系疾病所带来的身体问题相对比较复杂，比如可能会影响消化器官壁、血管、本体感觉、皮肤、韧带、肌腱和肌肉。理论上说，有这些问题的人，罹患关节过度活动谱系疾病的可能性比较大。

但也并不能因此就判定，有肠道问题或者有焦虑症的人一定会罹患关节过度活动谱系疾病。甚至有些人即便柔韧性强于普通人，也不一定就是关节过度活动者！

反过来说，已经被确诊为关节过度活动谱系疾病的患者，如果发现了肠道问题，也不一定与胶原蛋白被破坏有关。也许仅仅是由于不良饮食习惯，或者儿童期滥用抗生素造成的。

总的来说，面对复杂的问题需要谨慎。特别是在进行任何自我诊断前。

这里有一些有关关节过度活动的观点，有些是事实，有些则需要被纠正：

- 关节过度活动的人全身各处柔韧性皆很高。

  一般来说是这样，但也有些部位会非常"紧绷"，这些紧绷部位是在提供张力保护你的身体（详见第二章）。

- 关节过度活动仅影响儿童和女性。

  关节过度活动在儿童和女性中更为常见，但任何人、任何年龄、任何性别，都可能发生。

- 关节过度活动仅影响关节。

  除了膝关节和肘关节过伸，关节过度活动还会造成其他影响（后文将提到）。

- 关节过度活动的人将永远生活在痛苦中，并且只能通过服用止痛药来缓解。

  这种看法非常无知，我们可以做很多事情来改善。

- 关节过度活动只会影响到自己。

  确实，而且遇到这种问题的人很难被其他人理解，旁人也不知道你在承受什么。

- 全是负面影响，没有任何益处或正面影响。

  在我们眼里，这是一种可以被利用的"超能力"。

- 所谓的"关节过度活动"根本不存在，这是对自己异于常人表现的强行解释。

  这种特异性，或者说这种独特的魅力，不需要被任何世俗眼光评价或规范。

- 可以将肩关节随意脱臼或把腿掰到头顶来表演。

  虽然关节过度活动者能做到这些，但并不意味着需要这么做。

第一章　神经系统概要

　　要想充分理解这本书，那就得先了解神经系统是如何运作的，特别是它与你生活经历之间的密切联系。

　　我们并不是在用眼睛观察这个世界，而是用脑。眼睛对我们而言只是一种工具，它为脑提供有关外部世界的信息。脑将这些信息充分解读，你才能更好地了解眼前的事物。同样，耳朵也只是工具，是脑在聆听声音。腿上的伤口和周围皮肤也不会让你感到疼痛，是你的脑在感受疼痛。

　　甚至当你分手时，是否感觉心如刀割？其实这种感觉也不是来自内心，而是来自脑。

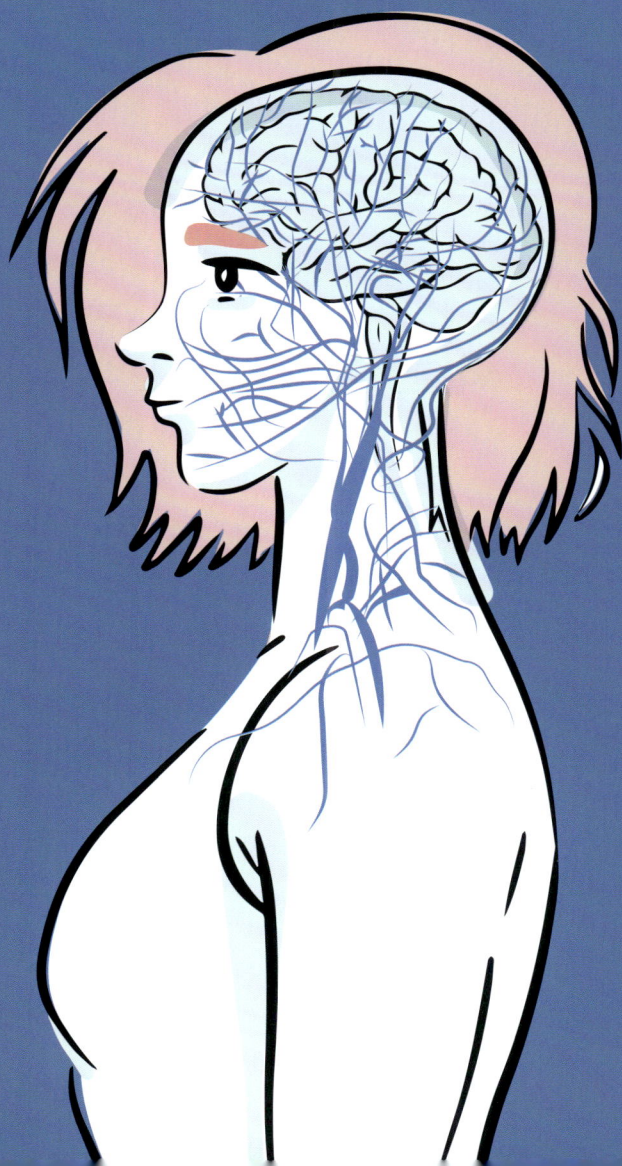

完成下面的句子：

我不是靠肌肉做动作，而是靠＿＿＿＿＿＿。

关节感受不到疼痛，而是靠＿＿＿＿＿＿。

舌头尝不出冰激凌的味道，而是靠＿＿＿＿＿＿。

脑是中枢神经系统的一部分，它通过周围神经系统与身体的其他部分交互。我们可以将脑想象成一个中心枢纽，有成千上万的通道（神经）从中进出，向身体的其他部位发送信号和接收信号。

如果没有这种交流，就什么都不会发生。有时这种交流会存在缺陷；有时它是模糊和混乱的；有时它完全不起作用。通常情况下，它都在兢兢业业不停地完成工作，所以它是值得尊敬的！

在继续往下看之前，我们带你认识一只小狗，它叫易拉（Elastidog）。

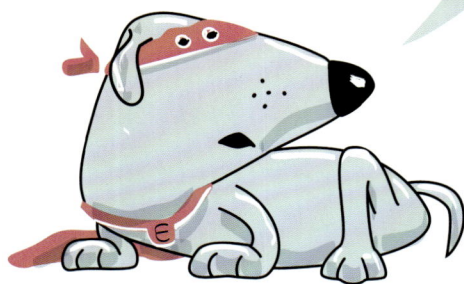

大家好我是易拉！

这只狗狗就是易拉，由它来帮助大家了解神经系统，或者至少了解神经系统如何作用于关节过度活动者们，以及神经系统如何帮助人们感受世界。别误会，人类的神经系统可不是毛茸茸的四足哺乳动物，但它确实与易拉有一些相似之处。

了解神经通路

神经系统有一个非常非常非常重要的特点，就是具有适应性。它不断通过所谓的神经通路来让生活变得更轻松，同时，这些神经通路也在不断地适应。

易拉对骨头的追踪就像神经系统的工作。在脑和软组织（皮肤、筋膜、肌肉、肌腱和韧带）之间，有信号传递通道，脑能了解组织正在发生什么，组织也能得到来自脑的运动指令。也就是说身体的每一项功能都始于脑，并且功能通过神经脉冲信号的传递来实现。

一天晚上，易拉的主人莫莉（Molly）和汤姆（Tom）吃了一顿丰盛的排骨大餐。莫莉曾经教过易拉，让它乖乖地坐在桌边，然后按照口令完成动作。

转圈，易拉，转个圈！

只要它转一圈，莫莉就会奖励它一块骨头。

易拉今晚特别听话，莫莉奖励了它两块骨头。易拉把多出的那块骨头藏了起来。结果，现在它自己也忘了藏在哪里，找不到了。

易拉不知道的是，有两只老鼠发现了骨头，把骨头搬到了一棵老橡树下，这是它们藏零食的地方。

恰巧一只狐狸发现了骨头并带走了它。狐狸带着孩子们来到溪边的泥浆地里玩耍，并在那里享用起了大餐。

但不知情的易拉还在寻找那块骨头。它趴在地面上努力嗅着，超强的嗅觉指引它往一条小路走去……

它穿过房间……

……冲出家门

进入花园……

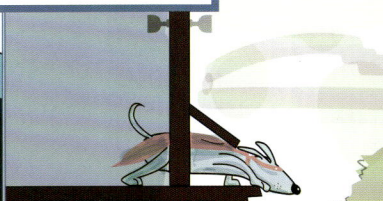

穿过森林……

……来到了老橡树下

又奔向田野……

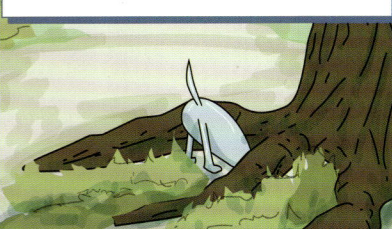

蹚过小溪……

当它到达小溪对岸时，泥浆地已经把气味弄混，这让易拉更难嗅出骨头在哪里。

易拉不得不放慢脚步，集中注意力，一边猜一边分辨这些气味。

令易拉欣慰的是，它终于找到了那块骨头，坚持换来了回报！

关节过度活动影响身体的方式之一是会导致脑和软组织之间的信号变得模糊不清，类似于易拉的嗅觉受到干扰。

前文有提到，关节过度活动是由胶原蛋白断裂所引起的。胶原蛋白是人体含量最丰富的蛋白质，包括肌肉、血管和皮肤在内的软组织都由它参与构成。这种断裂的发生，会导致信号无法正常有效或迅速地传递到脑。就像气味变得混浊时，易拉必须放慢速度停下来猜测。关节过度活动者的神经系统也会受到迷惑与阻碍，从而发生延迟与卡顿。由于本体感觉受损，关节过度活动者们通常会被人们认为笨拙或不协调（他们身上总是随机出现莫名其妙的瘀伤）。而且由于这种现象时常发生，所以其中的大部分人并不会把它当作一回事。换句话说，很多关节过度活动者常常对无力、疼痛和不平衡的感觉不太敏感。

因此，他们继续以一贯的方式行事。

再回到刚才的故事里。从易拉的家里到狐狸留下骨头的地方，也许只有5分钟的路程，或者走500步的距离。但是由于泥浆对气味的掩盖，其中一段路变得不再清晰明了。为此易拉多花了2分钟，或者多走了200步，或者在某个地方原地打转，甚至还可能在同一段路上走了数次。但他最终还是找到了骨头，所以在它的印象中，会把走过的路当作找到骨头的最佳路径。

如果它把没吃完的骨头就地埋好，第二天它还是会按照自己印象中的那条路去寻找，重复原地打转和多余的徘徊。日复一日，易拉总是沿着记忆中的"最佳路径"找它的骨头，在灌木丛反复留下它的足迹，这条路会变得更加明显，它也一次比一次走得更容易。但实际上，它从来没有意识到，还有一条更直接的路，可以让它节省几分钟，或者少走几百步，能更快速、更便捷地找到骨头。

这就是神经系统的日常。我们任何方式的运动都会在神经系统留下痕迹，刻画出一套模式——你的动作模式既可以如舞蹈中的"大跳"般富有张力，也可以如呼吸一般精妙入微。这套模式又会反过来指导你的日常动作，精确地控制动作的每个部分，告诉你分别需要激活哪些肌肉来让动作变得更轻松。当你创建了这些模式，脑就可以腾出精力完成其他工作，如记住本书中大量关于关节过度活动的新知识。

易拉嗅骨寻踪的能力非比寻常，但刚才的故事并不是一个很好的模式，无法帮助它大量囤积食物过冬。同样，神经系统复杂且智能，它的优点是在处理即时任务时迅速且高效；但只求迅速完成眼前任务，不关心长远利益则是它的缺点。特别是在建立神经模式时，如果你求快建立了一个不良的模式，又碰巧遇上需要将重箱子搬到远处的任务，那就很可能会吃亏。

关于疼痛

从疼痛出发理解神经系统是个不错的方式。它能带领我们理解神经系统如何只关心当下，却不为长期利益做打算的特点。

我们的神经系统总是将暂时的安全放在第一位。当你的某些动作会引发疼痛时，神经系统就会选择关闭这些动作模式，阻止疼痛发生——哪怕这样会造成长期的失衡，甚至导致受伤。

下面是一个真实的案例。

大卫（David）是一名物理治疗师，因为工作原因他需要从早站到晚，他已习以为常，有时候甚至一天要接诊25名以上的患者。

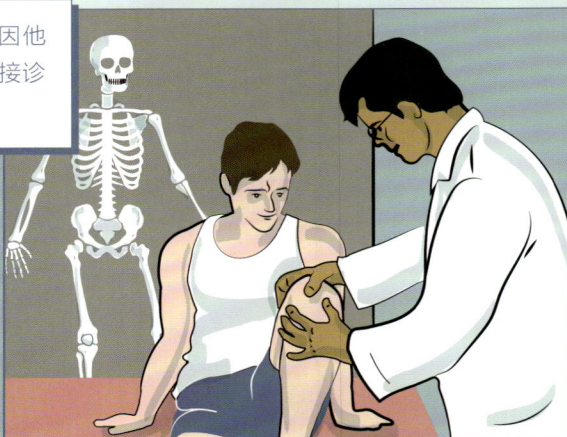

他兢兢业业，帮助人们重新调整动作和姿势，来减少痛苦，提升生活质量。

在一个炎热的夏夜，大卫正徒步朝家走去。他想赶紧到家洗个澡，因为已经在没有空调的办公室忙了一整天。

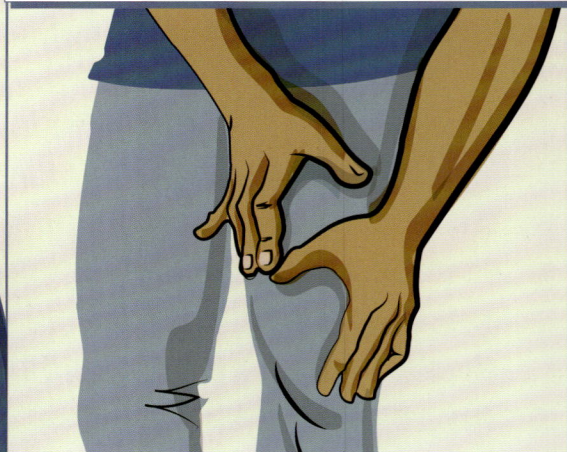

汗水浸湿了他的裤子。他每走一步，裤子和大腿就会发生摩擦。

起初摩擦只是让他感到不适，但很快不适变成了疼痛。为了减轻疼痛，大卫的神经系统开始工作，自动将他从正常的后动力链模式（身体后侧的肌肉推动他行走），转换为前动力链模式（身体前侧肌肉拉动行走）。

帮助人们正确走路是大卫的专业，所以他很快意识到问题并做了一些练习，当场进行自我调整后，他继续向前走去。

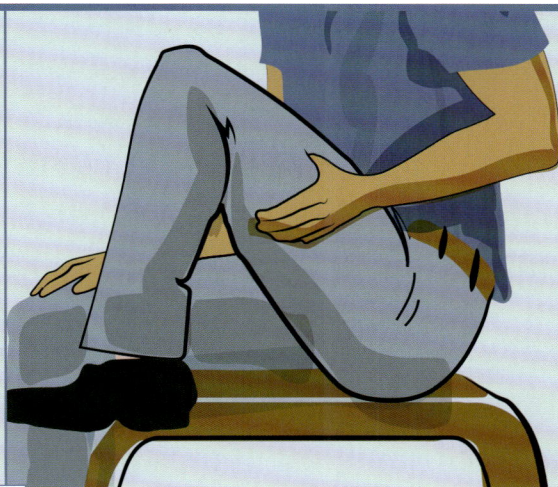

但刚走了没几步，擦伤的皮肤处又产生疼痛，再一次引起了他的肌肉活动进行无意识地调整。

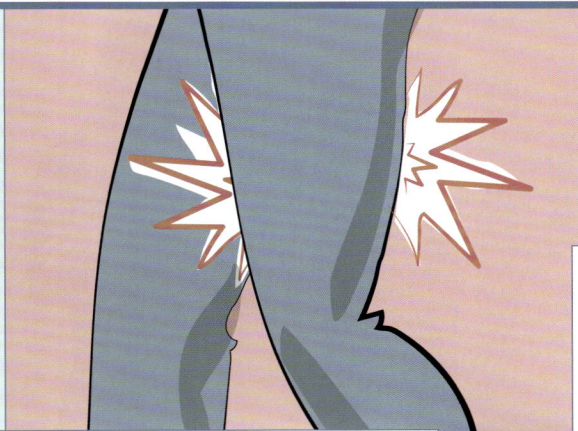

大卫看着自己的身体有些诧异，明明刚激活完正确的肌肉，但没想到疼痛这么快就战胜了他的主观意图，让动力链完成了非自主转换。

但很快，大卫又明白了。

这正是神经系统！为了避痛，它会忽略任何主动激活。

或许你也能想到一个发生在自己生活中的例子。例如，手指上伤口会让你无法正确在单杠上完成引体向上，或者脚趾的擦伤会让你在最简单的瑜伽站立体式中摇晃不定。

你无法执行这些动作，可能不是单纯因为缺乏力量、正确的本体感觉或肌肉的正确激活顺序，而是脑启动了一种策略，用来避免进一步产生疼痛。

此时你应该明白了，我们每个人的身体中都有一种神奇的驱动力，它会避免急性、直接的伤害，或任何它认为"不安全"的东西。

因为关节过度活动者们比普通人更容易经历关节或其他类型的疼痛，所以要时刻保持警惕，不要强行适应或者用止痛药麻痹自己。相反，应该去了解疼痛的原因，并且学会区分"疼痛"的类型——是来自锻炼的正常肌肉酸痛，还是在瑜伽课上过度弯曲身体发生在关节上的疼痛。其实这没什么难的，当你读完这本书时，就会成为这方面专家，你会了解关节疼痛的常见原因，并学会如何处理疼痛。

最后，请记住，疼痛、无力、僵硬、头晕、恶心，这些都是脑用来保护你安全的策略。任何让你的脑感到威胁的事情——如吃不好，睡不够，厌恶工作，和爱人争吵，或者膝关节过伸，都会让脑产生类似反应。如果这些反应累积到了阈值（某种临界值），脑可能会让你痛得（也可能是刚提到的其他症状）卧床不起，因为躺下休息对你来说是更安全的选择。所以此时的疼痛只是触发了保护机制，不代表你有严重的生理问题。

这就是为什么我们希望你对疼痛保持敏感和好奇，因为要处理的部位很可能与疼痛部位完全无关。

主动和被动活动范围

主动活动范围—— 守护者；被动活动范围—— 破坏者

疼痛是一个深刻而迷人的话题，关节过度活动者们对此并不陌生。在本书中会出现很多与疼痛有关的词。疼痛就像恐惧、税收，还有你身边敢说真话的朋友——令人讨厌，但很有价值。

急性疼痛是我们感觉不对劲时的一种提醒，如当你崴脚时出现的疼痛。而慢性疼痛则是长期存在的疼痛，产生原因可能很明显，也可能无迹可寻。它看似毫无意义，却又总让人感到沮丧和困扰。

身体的每个关节都有一个中立位置，关节周围有韧带或肌肉帮它维持平衡。当关节从它的中立位置移动时，就有了关节活动范围的说法，同时也有了保护机制的概念。

以髋关节为例。仰卧在平面上，脚趾指向天空，髋关节保持在中立位。从这个位置开始，保持膝关节伸直的同时，让一侧腿抬起尽可能地往头部方向靠近（感觉髋屈肌在发力），当你抬到某个位置，腿就没办法抬得更高了，这个范围就是主动活动范围

（active range of motion, AROM）。而这个腿最后停下来的位置，就是主动活动范围的末端。这是第一重保护机制，在这个位置上，髋屈肌想要进一步收缩，但无法获得神经系统的许可。主动活动范围被称为"守护者"，因为这种活动范围是安全的，运动保持在主动活动范围内可预防受伤。

到达主动活动范围的末端后，如果有人（例如，一位热心的金牌体操教练）用手继续将你的腿往头部方向推，这是在测量你的被动活动范围（passive range of motion, PROM）。这就是破坏者（被动活动范围）会误伤关节过度活动者的地方。在这个范围内，所有肌肉都处于非活跃状态，韧带也非常脆弱。

在腿继续往头部方向推的过程中，会触发第二重保护机制——弹性屏障。被拉扯的人可能会痛苦地大叫，"放过我的腘绳肌吧！"弹性屏障在身体组织（筋膜）和神经系统被拉伸到某个新位置后会立即启动，督促你让这些组织回到原来的位置上，防止你受到伤害和压力。大多数人在遇到弹性保护时都能感觉到，因为大脑这时会说："好了！够了！停下来！"

而关节过度活动者的身体信号通常是混乱的，这就容易产生问题。他们不容易产生"差不多到了，不能继续拉伸了，啊——疼疼疼疼"的感觉。相反，他们可能会想"这拉伸感觉真好，我这柔韧性简直无敌了，这才能体现我的厉害，我的人生价值实现了。"

但我们要知道，疼痛是非常复杂的，而且带有高度的主观性。尽管守护者（主动活动范围）作为超级英雄保护着每个人的身体，但因为关节过度活动的患者对于这些保护不敏感，所以他们更需要提防破坏者（被动活动范围）以及那些"危险的"自我放松手段。

被动拉伸的感觉不是很好吗？

大多数人的神经系统会说："不要再继续拉伸了，会受伤的，快停下！"。但关节过度活动者会听到破坏者（被动活动范围）的甜蜜谎言："继续拉啊，可以拉得更开，让大家为你惊叹。来吧！要的就是这种效果。"

当弹性屏障被突破，就会到达所谓的超生理区域，它就像神经系统内置的一个小缓冲区。大多数人无法靠自己到达这个区域，因为脑会尖叫"快停下！"，以疼痛或不适的形式警告你不要继续。一些有经验的手法治疗师会在这个区域内治疗，但他们会见好就收，不会把情况弄糟。想要到达或者突破这个区域，神经系统必须被欺骗，认为操作是安全的，或神经系统根本没有得到危险的信号。而这恰好是关节过度活动患者们容易发生的情况。

在超生理区域之外还有第三重保护：解剖结构保护。这是身体的结构——骨骼、韧带、肌肉、肌腱和（或）筋膜所形成的保护。如果打破这重保护，那就出现了扭伤、拉伤、骨折和断裂。

现在大家可以猜一猜，关节过度活动者们在拉伸时容易达到哪一重保护？没错，答案就是解剖结构保护。当关节到达这里，就不再有限制活动范围的胶原蛋白。所以最终的结果就是，关节失去所有保护，开始磨损。

在接下来的章节中，我们将学习如何识别每个动作的主动活动范围和被动活动范围。主动活动范围就像系好安全带、限速行驶等一系列安全保护措施。相反，被动活动范围就像未经培训却驾驶激光喷气飞行器在野外飞行。当然，我们并不是反对飞行操作，而是建议大家先了解相关的安全知识。

模式和习惯

在这里我们想告诉大家，尽管神经系统很复杂，但它也是可以预测的！神经系统的主要功能就是创造模式。模式也可以被看作是习惯，因为习惯是通过神经模式形成的。

还记得前面的故事吗？莫莉训练易拉在吃晚餐时坐在她身边，当她发出口令："转圈，易拉，转个圈！"，易拉照做了，就能得到美味的食物。这就是通过创建神经模式来实现的。

你可能会联想到巴甫洛夫的实验（著名的心理学家巴甫洛夫用狗做了这样一个实验：每次给狗送食物前打开红灯并响铃。这样经过一段时间以后，铃声一响或红灯一亮，狗就开始分泌唾液。），也可能会想到自己训练狗的经历。

一般在开始阶段，狗狗总是会可怜地流着口水，因为它还弄不清主人到底想让它做些什么，它才能获得零食。但用不了多久，狗狗就能掌握可预测的模式，并且为了获得主人的奖励，它会渴望一遍又一遍地重复这种模式。

当你在做任何事时，如果每产生一个动作，都未经过有意识的思考，那么这就代表你在依赖固有的神经模式。神经模式的例子有很多，例如，将手移动到书的边角就下意识翻页。甚至连你呼吸的方式都是建立在一种习惯之上，这种习惯是随着时间的推移而形成的。而这也能解释，为什么第一次尝试做某些事时会感到奇怪、有挑战性，甚至无所适从，如学习开车、完成复杂的舞蹈动作、学习弹琴等等。因为这些技能都是动作的组合，而复杂的动作组合确实在初学时难以完成，需要你全力以赴地去练习。但随着时间的推移，当你逐渐掌握动作以后，就会成为你的本能，你可以在完成这些动作的同时思考其他事情。

我们都知道，习惯有好的、坏的或中性的。运动习惯也不例外。只激活前动力链的步态就是一种你想要打破的习惯，并用激活后动力链的步态来代替。

所以在本书接下来的章节中，我们会帮助你学会识别自己是否处在"懒散而舒适"的习惯模式或姿势下，并且找到最佳方式来重新连接你的神经动作模式。

被动

主动

对神经系统要抱有耐心

记住，改变习惯和模式需要时间和毅力。如果易拉总是向右转圈，而莫莉想训练它向左转圈，就需要耐心地和它交流。

又到了大家最喜欢的小测环节，看看你会选什么？

1. 如果莫莉在一年前教过易拉转圈技巧，那么对她来说，现在训练它向左转圈要比一周前教它_____。

A. 更容易　　　　B. 一样难　　　　C. 更难

2. 如果易拉每天都训练一次转圈，与每月只训练一次相比，重新训练会_____。

A. 更容易　　　　B. 一样难　　　　C. 更难

3. 如果莫莉在每次训练时都奖励易拉肥美的培根，但这次使用生西蓝花作为奖励，训练它向左转圈会_____。

A. 更容易　　　　B. 一样难　　　　C. 更难

不管你的答案是什么，都奖励你一颗星，因为说实话，谁知道结果呢？反正我们不知道，因为我们不是驯狗专家。

重点在于，有几个因素会使我们的神经系统模式根深蒂固，并且有一些条件会影响这些因素。再让我们回到易拉嗅骨寻踪的故事。

树林和河流，这些沿途上几乎不变的风景，会影响易拉行走的路线。而关节过度活动者身体中的胶原蛋白构成也一样——几乎不会发生改变。所以神经模式也会受到这些不变结构的轻微影响。

此外，在理论上易拉可以选择任何一条路径。但它只要每次走同一条路，下一次就会觉得更轻松。它的爪子留在草丛上的痕迹也更深一分。一遍遍重复这个过程，循着这条路就会对它来说越发简单，它喜欢这种熟悉的气息。

动作习惯和神经模式非常相似。当你每一次都按特定的方式完成动作，这个动作就会变得更容易，因为那些特定的神经通路会得到不断强化，同时也会让其他神经通路被削弱。例如，不好的姿势习惯，一开始似乎很难消除，就像易拉如果要彻底放弃它心中的"完美"路径，就要花很大力气重新穿过高高的草丛开辟一条新的道路。

旧模式变得根深蒂固，不仅在于你使用它所累积的时间，还包括使用频率和其他因素，也许你的脑喜欢这样的模式（脑认为这是高效和安全的）。所以，如果你想要改变习惯，就要对自己施以耐心，可以运用渐进式超负荷的方法，逐渐取得进步（见第40页）。

第二章　如何运动

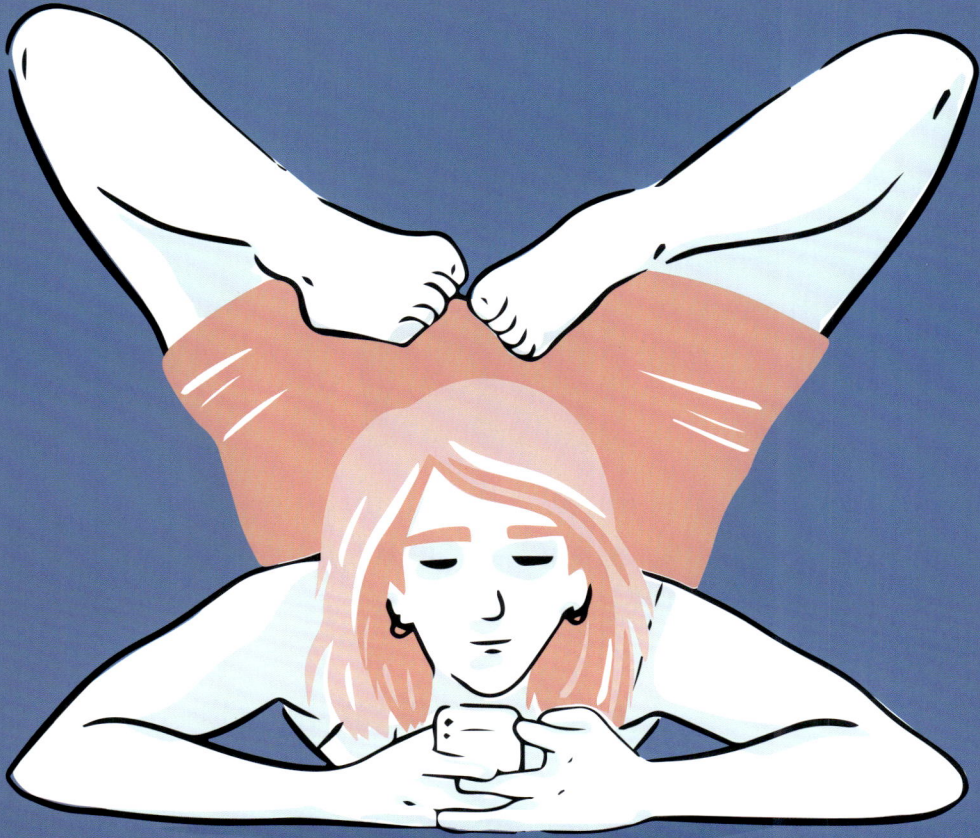

　　在前文和大家分享过我们的故事。作为关节过度活动者，我们从十几岁起就生活在恼人的不适中，拜访了数不清的治疗师（让我们掏空家底），也看遍了医生（他们称我们为疑病症患者），但总是无法完全摆脱疼痛。

　　我们历尽艰辛终于发现自己患有关节过度活动谱系疾病，才开始理解发生在自己身上的奇怪症状，并开始有能力寻求解决方法。现在，我们将这些方法汇成了这本书。我们希望你能从中受益，或者能通过本书找到一种适合自己的方法来适应关节过度活动，给自己带来持久的改变。

　　如果神经系统是身体的驾驶员，那么生物力学——研究你如何运动的科学——就是通往目的地的路线。现在让我们一起来了解身为关节过度活动者的合理运动方式！

被动与主动结构

我们的身体包含被动和主动结构。被动结构是无法控制的身体组成部分：无论怎样尝试用意念控制它们，它们也不受指挥。而主动结构，就像是提线木偶，能听从你的指令。

韧带属于被动结构。这些精致的小家伙们，在关节处与骨头相连。可以把它们想象成你儿时在卧室墙上贴海报用的双面胶。如果你把双面胶揉成一团再压扁，它依旧可以把海报贴在墙上。但如果你把双面胶拉得又细又长，就很难再贴住海报。

韧带也是如此。如果你过度拉伸它们，它们就容易发生变形；韧带本身并不具备良好的回弹力来恢复形状，变形后就无法再为关节提供稳定性。而且，由于被动结构不受你的意识控制，它们会一直保持松弛的状态，关节也会变得持续不稳定。

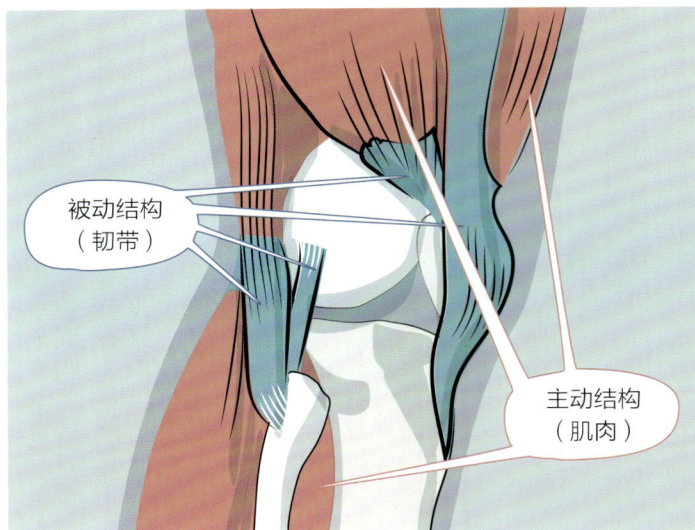

被动结构（韧带）

主动结构（肌肉）

作为关节过度活动者，我们的胶原蛋白结构较常人更为紊乱，韧带由于遗传原因也更易于松弛。因此，我们糟糕的关节无法判定什么才是健康的位置，这是在寻找解决异常疼痛和损伤的方案时必须考虑的一点。

下一道防线是肌肉，更准确地说是肌筋膜系统。肌肉是主动结构，就像训练有素的军犬一样，它们会竭尽所能听从脑的指令，满足你的需求。也就是说，只要你发出指令，并且这道指令在肌肉的能力范围之内，那么它就会立刻完成！

事实上，只要你坚持不懈，再加上一些脑力训练，就可以无意识地完成对肌肉的训练，来保持关节稳定。这对于任何关节过度活动者来说都是至关重要的一步；然而，要做到这一步需要奉献与承诺。

不太好的消息是，这项艰苦的工作永远无法停止，因为你的身体组织有躺在沙发上看电视的遗传倾向。

准备好迎接挑战

但好消息是，如果你努力加强主动结构，同时激活脑并改善神经映射，那些讨厌的疼痛和损伤将成为过去，你会在关节过度活动的身体中，发现深不可测的超能力。

另外一件很酷的事是，一旦你知道了身体和脑是如何运作的，并且开始应用这些原理，它们很快就会成为你无意识养成的习惯。任何在初期将要面临的艰苦，毫无疑问都会随着训练的进行而逐渐褪去，直到你不再记得那些旧的生活方式、工作方式和运动方式。

在我们讨论具体原则之前，先来展示一个重要的概念——我们称之为人体地图。

灵活性与稳定性

为了更好地解释灵活性和稳定性，我们需要向你介绍一个改变我们生活的人：人体地图人。仔细地观察一下他吧！

你发现他的身体遵循一种可预测的交替灵活和稳定的模式了吗？如果关节过度活动者也想在功能性任务中高效运动，动作也需要遵循相同的交替模式，这样才能摆脱隔三岔五去寻求物理治疗的宿命。正因为身体无法遵循这种模式，所以才出现各种问题。

首先，需要理解灵活和稳定意味着什么。当我们聚集于单个关节时，这两个概念实际上

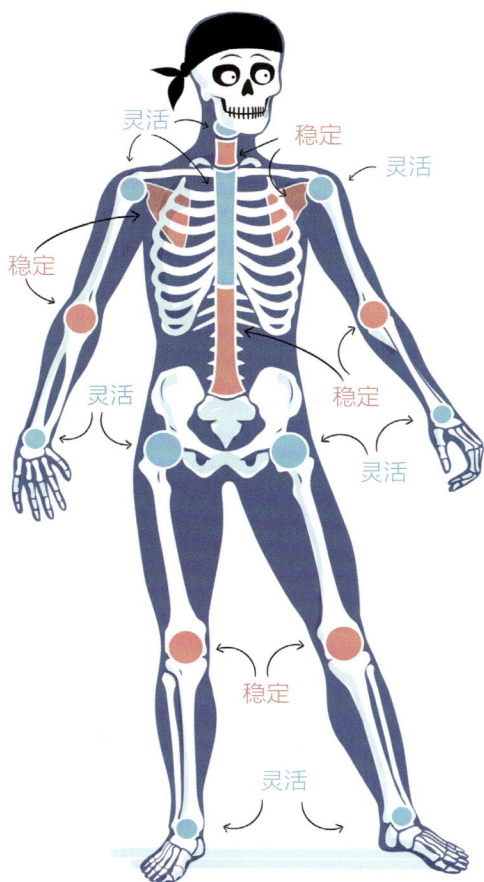

指的是同一件事：有效活动范围的神经控制。事实上，在高水平运动员中，这个理论变得不那么重要，因为他们的关节灵活性和稳定性都很好——这是人人都想要的结果。只要神经系统能控制当前的活动范围，身体就会拥有惊人的能力。而作为普通人，甚至是关节过度活动者，在完成日常的功能性运动时，遵循这个理论是有帮助的。灵活/稳定连续体可以成为一种帮助建立身体的意识的方式（注：这只是一个理论，如果你觉得不适用于自身，就应该放弃它）。

让我们以换灯泡为例。如果遵循人体地图人（灵活/稳定连续体）的规则，我们要保持颈椎的稳定；抬头向上看的灵活性可以来自于上背部，所以从胸椎获得一些必要的灵活性是有帮助的。但你在大部分人身上会观察到相反

的模式。他们会只用颈椎来向上看，其余部位参与甚少。当然，如果只是偶尔这么做的话，并没有什么问题，但如果你养成了这种习惯，你的颈部韧带就会承受应力，同时上背部会变得非常僵硬。

下楼梯时膝外翻

膝和足中部保持稳定，动作发生在踝关节

良好的关节力线

膝和足中部的灵活性过度

另一个例子是下楼梯。人体地图人表明，在下楼梯时，足中部（由三块楔骨、骰骨和足舟骨以及周围的软组织组成）应该趋于稳定，而踝关节应该灵活。如果踝关节缺乏足够的灵活性，足内侧就会塌陷，由此关节需要提供额外的活动范围来帮助你下楼梯。膝关节也会因足底塌陷而处于外翻位置。

在理解稳定性和灵活性时，有一个很棒的方法。我们可以想象有一张蹦床，蹦床的框架是坚固的钢材结构，可保持其形状不变，就像稳定性关节。而蹦床的弹簧，为蹦床提供弹性，就像灵活性关节。如果蹦床整体全是刚性的，那么它就失去了其使用价值。相反，如果整体全部充满弹性，就会变得不安全，无法在上面练习后空翻。所以我们的身体也需要稳定性和灵活性相结合，才能执行安全、有创造性、稳定且高效的动作。有了灵活性关节提供的活动范围，就能完成搬椅子、跑步、系鞋带等任务，而稳定性关节则给了你一个坚实的基础。

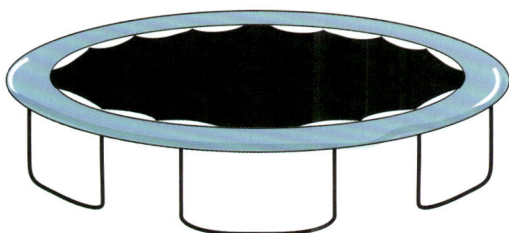

想想自己身体中提供稳定性和灵活性的关节，然后再对照人体地图人：

脊柱

颈椎（脖子）	稳定
胸椎（上背部）	灵活
腰椎／骶骨（下背部）	稳定

上肢

肩胛胸壁关节（肩胛骨）	稳定
盂肱关节（肩部的球窝关节）	灵活
肘关节	稳定
腕关节	灵活
中掌	稳定
手指	灵活

下肢

髋关节	灵活
膝关节	稳定
踝关节	灵活
足中部	稳定
脚趾	灵活

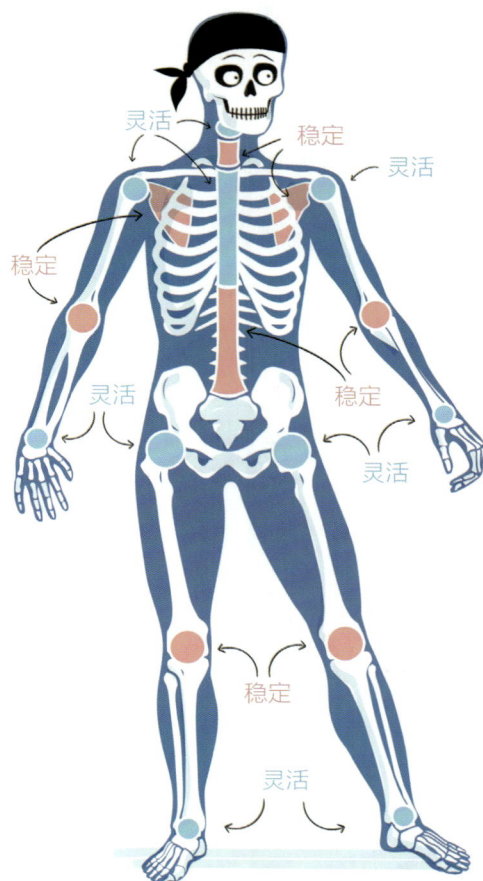

我们在后面会给出更多的例子，但现在你需要先掌握好基础。看看自己能否把这个概念应用到你最喜欢的训练当中。

第三章　脑

　　如果想要支撑起你柔软的身体，最有效的方法就是"从头开始"，脑是真正的"一家之主"，它是最大的，也是最终的掌权者。虽然我们有很多将你变成超人的身体策略，但坐在驾驶座上的还是脑。所以除了调整训练和运动方式以外，还需要调整脑接收信息以及处理/消化信息的方式。最终的目标，是让脑能够有选择性地授权输出。

　　关于脑的解剖知识可能不那么吸引，但一旦你掌握了其中一些简单原理，你成为超级英雄的旅程就会短得多。

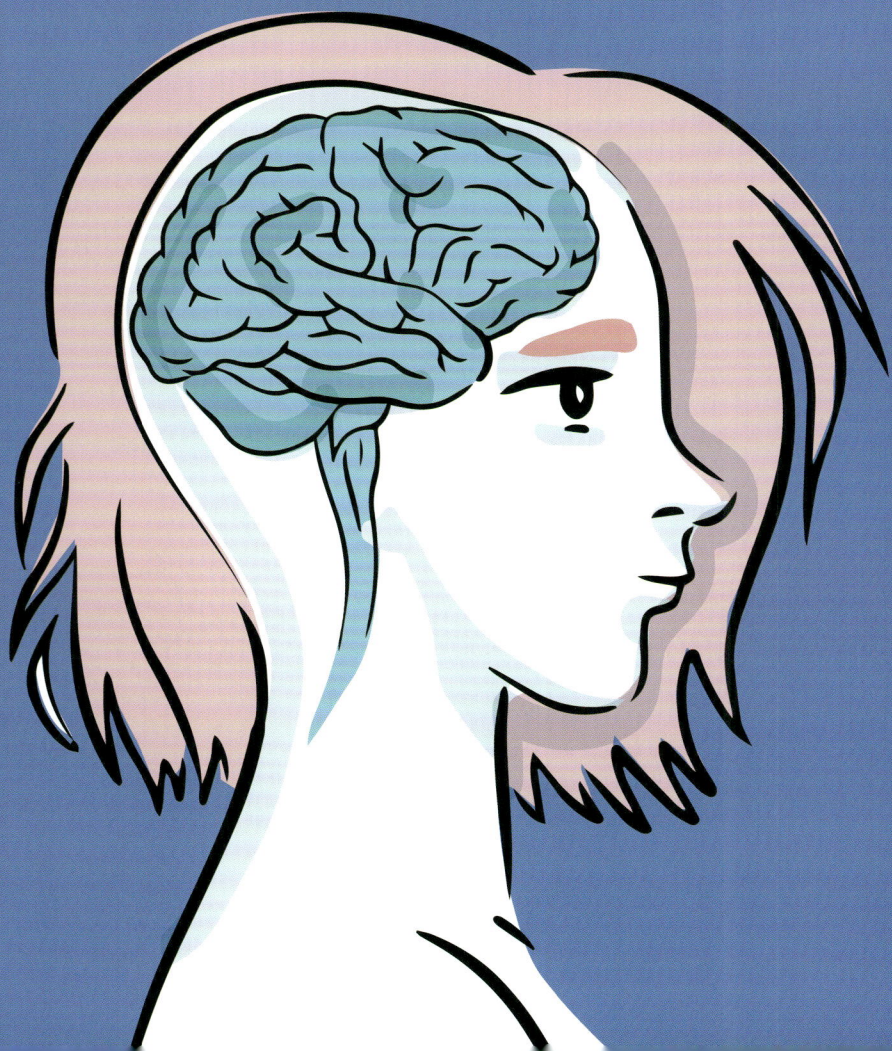

脑与关节过度活动

虽然脑想让大家把它当作终极大佬，但实际上它是一个非常容易紧张，并且没有安全感的器官。它最关心的就是你的安全，总是试图预测未来会发生什么，以提前做好准备。一旦不能预测未来，它就会非常担忧（我们试图告诉脑，预测未来是不可能的，但它就是不听）。

脑一直在努力，通过收集多个不同渠道的信息来完成它的预测工作：

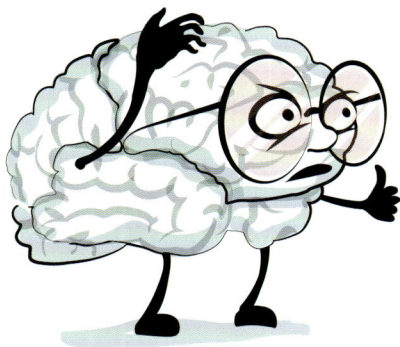

- 视觉系统（用眼睛看，并对所见内容进行解析）
- 前庭系统（内耳平衡中心）
- 本体感觉（对身体方位和运动的感知）
- 外感意识（身体器官对外界刺激的感知）
- 内感意识（自我的感受，如饿或饱，热或冷）

这些系统只向脑提供信息，而脑要做的就是弄清这些信息的意义。当脑准备分析信息时，它首先关心的问题就是："这安全吗？"

假设答案是"可能""也许""大概""应该是的"，或"当然不"，脑就会输出一些信号让身体产生某种症状，来提醒并帮助你保持安全。这些症状或信号，可能会以一种让你非常难受的形式出现，如疼痛、疲劳、肠胃问题或焦虑等。这听起来是不是很熟悉？所以，你首先需要明白的是，你过度柔软的身体可能会发送一些让脑难以判断的信息，这会让它变得更加紧张。

高敏感性

我们总说，关节过度活动者的身体很独特，这不是在开玩笑。表面上他们似乎与普通人无异，但研究者对这些人进行脑部扫描时，发现他们的杏仁核比普通的同龄人更大。

杏仁核是脑的一部分，它会在收到的信息上印上喜悦或悲伤的记号。它是你脑中处理情绪的部位，特别关注那些可怕的事情。研究者发现，许多关节过度活动者比常人更敏感。关节过度活动者对光、声音和触觉的高度敏感，如同蜘蛛侠一般；同时，他们也因此经历更多的情绪反应。

前庭系统

前庭系统在内耳中。这个你内耳中的精致的小装置有许多重要本领。下面是我们每个人都应了解的，有关前庭系统的一些知识：

- 它能帮助你保持直立，对抗重力，并辅助你保持平衡。
- 它能帮助你反射性地稳定姿势，特别是当你不小心被撞倒时。
- 它能为脑提供有关方位的信息。

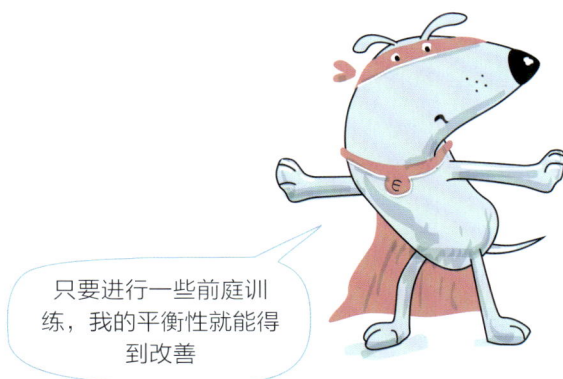

> 只要进行一些前庭训练，我的平衡性就能得到改善

关节过度活动者的前庭系统经常遭受损害。所以他们的姿势稳定性和平衡总是受到挑战。如果你也感觉自己身体笨拙或者不协调，建议先对前庭系统做个检查。

小脑

小脑也是脑的一部分，位于头的背侧。它非常神奇，帮助你保持重心稳定，让你在进行复杂动作时稳如泰山（如系鞋带）。它还负责运动的准确性、平衡性和协调性。

小脑和前庭系统保持沟通，协同完成工作，帮助控制关节周围的肌肉张力并提供稳定性。因此，在前庭系统发生问题的人群中，往往也可以观察到他们小脑的缺陷。

小脑还负责监测身体的运动，并在我们的关节超出安全活动范围时及时预警——但关节过度活动者的小脑通常缺乏这种能力。所以关节过度活动通常与小脑问题密切相关。

脑干

脑干是脑的核心部位。它负责处理所有不经思考但帮助维系生命的事情，如心脏跳动和肺部呼吸。研究人员发现，关节过度活动者常常报告一些可能与脑干问题相关的症状，如心悸、眩晕以及血压异常。这些症状被定义为交感神经高度紧张，意味着即使在刷剧时，我们身体也做好了随时战斗或逃跑的准备。

脑干还有一个重要作用，可以抑制疼痛。这种特性对关节过度活动的朋友们很有帮助，因为我们常要与随机、莫名其妙出现的肌骨疼痛作斗争。

瘫在这么柔软的沙发怎么会引起这么大的疼痛？

可能我们需要换个新沙发？

关于疼痛的奇怪之处在于，不适的部位不总是需要被关注。有时你根本就没有什么问题，但脑会试图让你做点什么，来改变当前的行为。

顶叶

顶叶在头的顶部。它负责处理感官信息（举个例子，如果你轻抚左臂，就会刺激右顶叶）。顶叶的底部与一侧颞叶相连，专门负责整合多种感觉，我们发现关节过度活动者们在此处的映射相对较差。

这种不可靠的映射意味着，关节过度活动者倾向于专注自身的训练。例如，阿德利总是把冲浪板留在沙滩上，转而去海里游泳。西莱斯特非常喜欢跳舞，她自己跳舞时没什么问题，但当她和舞伴一起跳舞时，却很容易踩到对方的脚趾。

小矮人

小矮人是生活在脑中的"地图"。如果我们把这张神经地图按比例画成人体的形态，它看起来会像《指环王》中的小矮人。它的手、嘴唇和脚很大，但身体却很小。

实际上，在你的脑中有两个看起来很奇怪的"生物"。一个是运动小矮人，它能映射执行的动作，另一个是感觉小矮人，它能映射身体的感觉。运动小矮人发送信息；感觉小矮人接收信息。

在我们关节过度活动者中，这些"地图"有时是模糊的。当某个区域暂时不启用时，脑会将其神经组织重新导向更常用的地方。在这种情况下，身体就会一遍又一遍地按照自己喜欢的模式运行，因此"地图"也就反复在局部被刻画，越来越无法展现全貌。只有当你越多地使用身体的各种功能时，完整地图的清晰度才会越高。

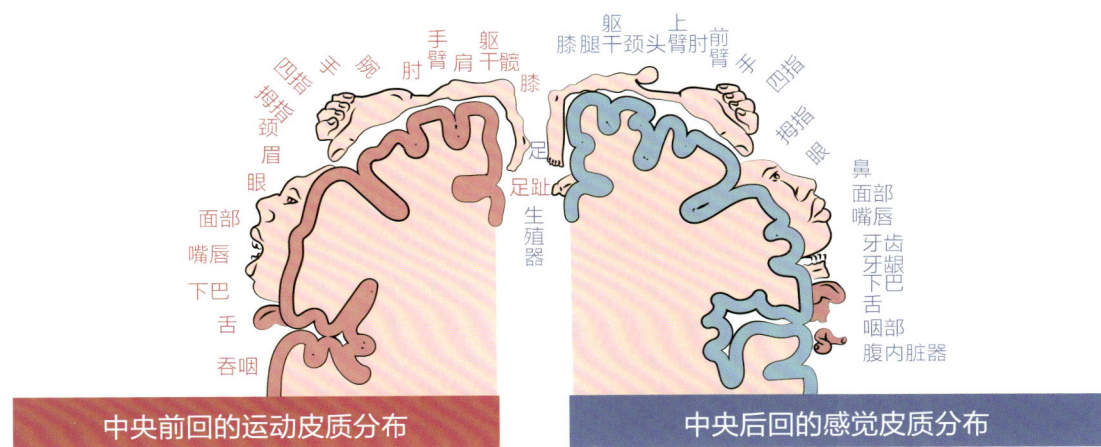

中央前回的运动皮质分布

中央后回的感觉皮质分布

感觉小矮人

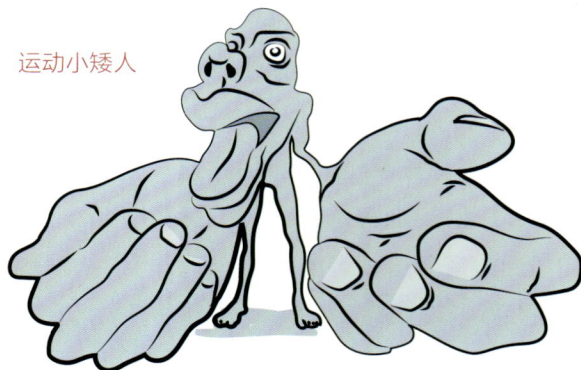
运动小矮人

关节过度活动者的脑促进小妙招

脑的解剖知识就讲到这里。现在让我们来看看一些实用的方法，来帮助你柔软的身体和独特的脑变得更强大。

正念

如前文所述，关节过度活动者有一个比常人更大的杏仁核。它是处理情绪的区域，可以使人们对外部刺激保持高度敏感，这也可能是关节过度活动者喜欢瑜伽的原因——瑜伽既能让他们保持专注，又能使身体得到锻炼，一举两得。许多研究证明，正念练习是一种有效的杏仁核镇定策略，在有经验的练习者中，我们看到杏仁核的体积有所减小。

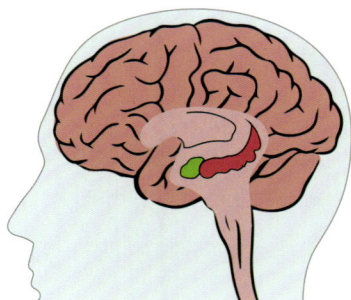

关节过度活动的朋友们看到这里，可能希望马上投身到正念练习中，来缩小你的杏仁核。但我们的建议是，很多人需要先暂停所有运动，单独进行正念练习。关节过度活动者们的内感受会被放大（对身体感觉的意识），当他们在运动过程中练习正念时，这种放大的内感受会被唤醒。如果他们已经与身体感觉过度协调，那么让这种超能力变得更强可能会适得其反。

我们建议每天抽出几分钟时间来静坐和练习呼吸。把注意力集中在呼吸上，如果发现走神了，立马把注意力带回来即可。在训练中即便走神时间多于对呼吸的关注时间也不必担心。因为意识到自己没有集中注意力已经是一种有效关注，而且只要做到让注意力回到呼吸上，就能让杏仁核平静下来。

本体感觉

如果你在网站上搜索"过度活动"一词，可能还会看到"本体感觉"这个词出现。因为大部分关节过度活动者的本体感觉（你在空间中的位置）都是模糊的。如果脑没有从身体中接收到清晰的信息，就会担心你可能会伤到自己。因此脑可能会输出一些信号来提醒你注意安全，如疼痛。

为了帮助你的脑对身体的当下状态建立更清晰的图像，可以在你最不熟悉的区域给予额外的刺激，也许会有所帮助。例如，西莱斯特的右肩总是不舒服，所以在开始运动前，她会在肩部贴上肌内效贴，用冰和热刺激它，或者用力摩擦这个部位，以增加向脑传递的本体感觉信息（称为传入信号）。这有助于改善她脑中右肩的映射，使她在做引体向上时肩膀更加稳定。

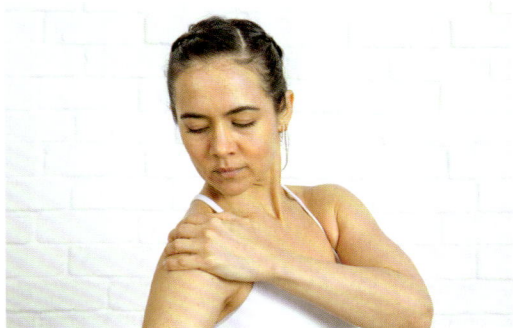

刺激持续的时间越久越好。例如，在做战士式时，你用手戳你的屁股，可能在当下有明显激活臀肌的感觉，但戳的动作一停下来，就会失去这种感觉，请不要感到惊讶。

器械训练

运动时叠加感觉输入也有助于改善顶叶的映射。顶叶负责整合多种感觉，这意味着当我们有不止一种感觉同时输入时，顶叶就会被激活。

但由于关节过度活动者们顶叶的神经线路相对不牢固，所以这使得他们更倾向于选择徒手锻炼。你经常看到关节过度活动者对自重练习有特殊偏好。一旦让他们使用器械，就会明显感到离开了舒适区。

但实际上，使用器械训练对强化顶叶区域非常有帮助。负重力量训练是我最喜欢的方式之一，它能很好地帮助我们关节过度活动者。这就是为什么像学习如何开车这样的事情能训练本体感觉，并能够开发相关脑区。有趣的是，即使是学习如何完成杂耍之类的任务，脑也能轻松地整合感觉，让脑产生安全感。

高张力动作

接下来我们要讲的内容，可能会让你无法理解，但对于关节过度活动者来说，在高张力下做他们喜欢的运动（在运动时尽可能保持挤压感）是非常有益的，因为这能改善身体在脑中的图像。当关节在动作中到达活动范围末端，如果脑在此时能对新的关节活动范围产生清晰的"图像"，并且神经系统可以在此时保持对身体的控制，脑就会感到安全，这样就能改善脑传出信号的质量。我们的核心任务就是保证脑能产生这种安全感，让它觉得一切都在控制中。但需要注意的是，高张力动作会迅速消耗你的能量，所以缩短锻炼时长可以预防过度疲劳。

为了恢复，尝试干扰

弹力带可以提供干扰

干扰

干扰基本上意味着运动的中断。举个例子，当你正在练习瑜伽时，有一只小狗跑过来轻轻推了你一下。虽然受到干扰，但小脑会帮你保持平衡并确保动作的准确和协调。它通过调节脊柱和核心肌肉组织的活动，来稳定身体的中位线。

小脑喜欢受到干扰，因为它的任务是帮你解决关节的动作"错误"。另外它还负责启动对错误动作和位置的纠正程序。如果小脑认为你看起来不够完美，它就会活跃起来，帮助你纠正问题。

所以，你在任何动作中增加干扰，都是在促使小脑更努力工作，从而提升身体稳定性并改善关节运动的协调性。

如果你没有小狗或朋友在你锻炼时增加干扰，那么可以在你的腰间系一条弹力带，并将它连接到稳固的物体上。弹力带的拉力能产生较大干扰，从而迫使身体稳定系统激活。

视觉和前庭训练

无论你是在练习瑜伽、普拉提，还是其他运动，都可以尝试在原来的训练中增加眼睛或头部的运动。关节过度活动者们经常通过头部保持直立、眼睛凝视一点的方式来保持平衡。

虽然对新手而言这是一个有效的策略，但这并不能让视觉和前庭系统得到充分锻炼。我们需要始终铭记用进废退的道理。

如果你在锻炼中增加眼睛和头部运动会感到头晕或恶心，那就先降低训练难度，双脚并拢站立，只做眼部运动。然后闭上眼睛，转动头部。最后再尝试睁开眼睛注视一个点，同时转动头部。运动时可以使用的简单法则是沿着指南针的六个方向坐标移动——上下、左右和对角线。

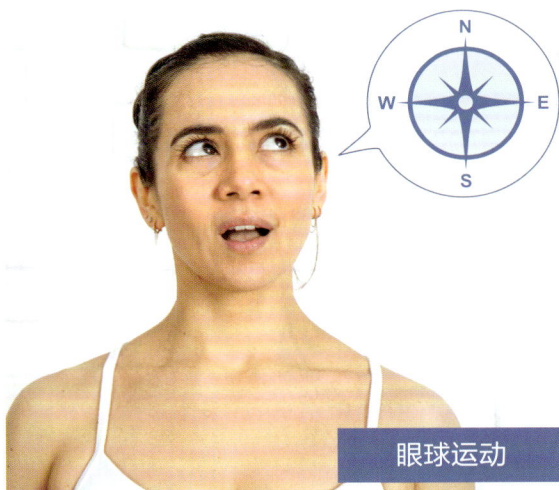

眼球运动

保持站立平衡，眼睛注视同一个点，同时保持头部转动

稳定肌群

本书中有很大一部分内容讲述主要稳定肌群是如何帮助支撑你过度活动的身体。但在我们展示其中一些方法之前，你应该先知道脑是如何反射性地创造稳定性的，也就是说，你不需要思考，它也会自动发生。请跟着我们理解接下来的信息：

假设你想用右手拿一杯咖啡。右手在这种情况下自主产生动作。为了实现这一点，动作首先在对侧额叶皮层被创建（左侧脑区）。接着信息被发送到手部，你就会伸手去拿咖啡。同时，和运动手同侧的脑干会向对侧肢体（不拿咖啡的一侧肢体）发送大量的反射性稳定信息，这样你就能保持稳定，不会洒出一滴咖啡。

你可以在训练中利用这个原理促进稳定肌群的激活。例如，无论西莱斯特多么努力，她总是感觉自己右侧肢体仿佛在沉睡。所以，她在锻炼时会以独特的方式运动左臂，帮助唤醒右侧肢体。当她锻炼左侧肢体时，会刺激右侧脑皮层和左侧脑干。皮层负责动作，而脑干则会向她沉睡的右侧肢体发送稳定性信号。这里的绝妙之处在于——整个过程是反射性的，不需要你调动主观意识。

脑的"饮食"模式

脑喜欢摄入葡萄糖和氧气。所以多样化的饮食和高效的呼吸，对维持脑的健康功能非常重要。

在训练之前，我们可以利用脑的"饮食"方式来最大程度提升运动表现。

脑喜欢按从下到上，从后到前的顺序享用美食。知道这些对我们有什么帮助？我们知道感觉小矮人紧贴在运动小矮人的后方，所以如果我们在开始训练之前先摩擦身体，就可以激活感觉皮层。

连接在一起的神经元会同时放电。一旦感觉皮层开始被激活，运动中就会有更广的运动皮层被激活。

渐进式超负荷

我们假设在关于易拉的再培训的突击测试中对脑可能有不同程度的输入，那么训练的持续时间、训练频率、奖励给它的食物味道等，这些都可能会影响易拉重新学习技能的速度。

这就是渐进式超负荷，它是一种可用来改善映射的工具。在渐进式超负荷中，需要考虑的关键因素有7个：频率、持续时间、重复次数、休息时间、强度、速度和多样性。让我们以深蹲为例。

1 **频率**是指单位时间内完成深蹲训练的次数——每天2次，每月1次，或者介于二者之间。显然，深蹲的频率决定了练出丰满臀部的速度，以及脑皮层臀部区域的适应能力。

> 以易拉为例，频率就是莫莉每周训练它转圈的次数。如果莫莉每天训练易拉，易拉的学习速度会比每周练1次更快。

2 **持续时间**是指每次进行深蹲训练所花费的时间。也许你会专门去健身房练1小时深蹲，也许你只是在刷牙的时候花几分钟时间深蹲。花费在训练上的时间越多，力量就会发展得越快。

> 对易拉来说，持续时间就是莫莉每次训练它转圈的持续时间。与每次只训练1分钟相比，莫莉每次训练10分钟易拉会学得更快。

3 **重复次数**是指在1次训练中，能够做多少个深蹲。如果你发现以良好的动作模式你只能完成2个深蹲，到第3个深蹲坏习惯就会出现——例如，出现了膝关节外翻和扁平足——那么你就需要集中注意力做第3个深蹲，保证它的正确完成。然后能逐渐增加到正确完成第4个、第5个深蹲，以此类推。

> 对易拉来说，重复次数就是它练习新技能的次数。如果莫莉让它每次正确地完成10个转圈，它会学得比每次只完成2个更快。

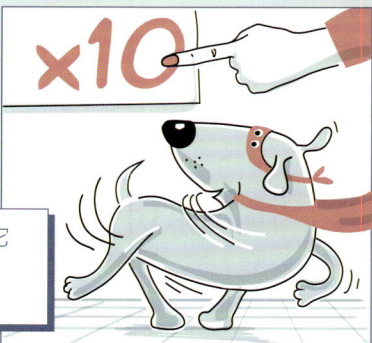

4 　**休息时间**指的是再次进行深蹲训练之前，给自己身体恢复的时间。假设你周一做了 10 个深蹲，周二腿酸痛得几乎无法走路。酸痛就是渐进式超负荷的表现，代表了给肌肉组织施加了健康的压力，来强化它们并鼓励它们生长。但是如果你休息了整整一周后再做 10 个深蹲，那么你可能会发现第二天腿还是超级酸痛。通过缩短深蹲训练之间的休息时间，可以增强臀部肌肉的耐力。所以运动员常常在肌肉酸痛未全部消除的情况下就要进行下一次训练。

关节过度活动者需要注意休息。是的，减少休息时间会带来益处，但你要注意，你感受到的疲劳或许是过度活动引发的症状，所以你可能比普通人需要更多休息时间。当然，每个人所需的休息时间不一样。轻微的肌肉酸痛问题不大，但如果筋疲力尽、难以动弹，就说明你已经把自己逼得太紧了。不必对自己这么苛刻。

易拉需要在两次转圈练习之间进行休息，休息的时长会影响它学习转圈的效果。它每次转 5 圈之后就感到疲倦，如果莫莉不再命令它完成第 6 次，以此来提高它的耐力，那么易拉的转圈能力就会永远停留在第 5 圈，无法继续提高。

5 　**强度**指的是完成动作任务的努力程度。增加深蹲强度的方法之一就是增加负重。你也可以通过在大腿周围系一根弹力带来对抗阻力，这样在蹲下的时候就需要努力把膝关节向外压。这时需要注意动作模式是否正确。如果难以承受负重 5 公斤，就可以降低重量从 2 公斤开始，然后逐渐增加。这就是所谓的渐进式负荷。

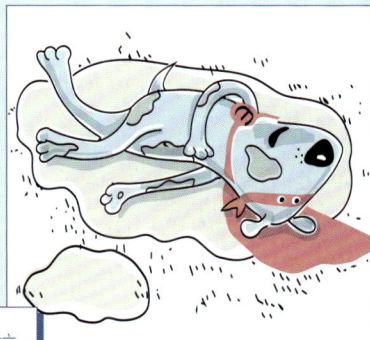

莫莉想要增加易拉的训练强度可能不太容易，但想象一下，易拉雨天在外面玩耍，浑身是泥。泥浆会使它负重，使它比在干净干燥的情况下更难转圈。增加负重的转圈可以使易拉变得更强壮，从而转圈能力得到提高。

6 **速度**指的是完成动作的速度。如果你觉得常规速度对你而言太容易，就可以加快速度——增加在 1 分钟内完成的深蹲次数。当然也可以放慢速度，花 1 分钟来完成一个深蹲。只要创造新鲜感，神经系统都会喜欢。

易拉可以或慢或快地转圈。利用这两种变化可以使它的转圈技巧发展得更快。

7 **多样性**指的是做深蹲的方式。由于关节和组织的复杂性，我们可以利用无数种不同的方式进行运动，所以不要害怕改变！也许你可以先做 10 个脚尖朝前的深蹲，再做 10 个脚尖朝内的深蹲，最后做脚尖朝外的深蹲。最重要的是，要保持良好的动作模式，不要损伤韧带。你能创造的习惯性动作模式越多，臀部就越丰满，身体也会发展得越全面。

对于易拉来说，引入多样性可能意味着改变它转圈训练的一些因素，加强它对这项技能的理解。例如，莫莉可以在公园里教它转圈，而不总是在餐桌旁。这样一来，易拉就知道餐桌不是模式的一部分，只要听到"转圈，易拉，转个圈！"就可以开始转圈。

当你要重设习惯性动作模式，强化身体某个部位，或训练一项新的技能时，可以应用以上策略。但需要牢记的是，上面提到的渐进式超负荷策略并非要同时使用！哪怕只是用到其中一两种形式，都可以帮助你更快地达到目标。

脑是神奇的，但本书因内容有限，无法表达它的全部复杂性和它的独特需求。如果你想了解更多，可以通过下面的网站找到从事神经科学方面工作的专家。https://zhealtheducation.com/find-a-trainer/

第四章　颈深屈肌

颈部是稳定肌群的大本营，驻扎在这里的稳定肌群被称为颈深屈肌。在颈深屈肌中，一共有两位核心人物，它们都是伟大的超级英雄。现在就让它们闪亮登场——颈长肌和头长肌。

虽然有两位超级英雄坐镇，但日子并没有过得太平。因为现在出现了一个更为凶悍的大反派，叫"久坐魅娘"。它施展魔力把人们的目光粘在了屏幕上。

久坐魅娘出现之后，人们的生活方式开始发生改变，人们每天紧盯屏幕无法脱身，眼部肌群变得疲惫不堪。但从前的人类并非如此，他们在大自然中随处可赏春花秋雁，抬眼便是碧水青山，饿了还能寻得山果野味——这些生活中的点滴，都会增加眼部的活动。如果每天都过着这样的生活，就能保持良好的视力。

但如今，眼部肌群因为缺少了这些运动而变得无力。为了弥补这种无力造成的视力模糊，人们便会向前移动头颈以看得更清楚，这时我们的大英雄颈深屈肌就会遭到禁锢，无法发挥功能。在不知不觉中，人们每天都进行这样的"破坏"，却不知自己为何会颈部酸痛。

当身体长时间保持头颈前移的姿势，呼吸也会受到影响。有一条特殊的神经——膈神经——穿过颈椎的第3、第4和第5节，它是连接脑和膈肌的神经。我们可以用一句顺口溜记住它："C3，C4，C5，膈肌生龙活虎"。

当颈椎前移离开了原先属于它的位置，就会失去最佳稳定性，膈神经也会因此受到挤压。而这样的后果就是膈肌无法再像之前那样正常工作。

导致头颈前移的原因可能是我们的姿势性耐力较差，无法维持头部的中立位，也可能是我们的眼睛迫切需要一副眼镜。如果头颈长期前移，头颈交界处——颈部后方的筋膜（结缔组织），会变得粘连和紧张。身体任何部位的筋膜都可能由于活动范围受限而发生这类问题。

因为身体总是在适应变化，如果头颈长时间维持某个姿势，身体就会发出这样的指令："筋膜弟兄们，我们的主人至少一周没有活动头颈了，这种静止不动一定是为了生存而必需的。那你们就变得更强壮厚实来帮助主人吧！"。有趣的是，身体并不知道这种适应其实与生存无关，"头颈前移"只是一种因视力衰退而出现的常见姿势。

为了抵抗"久坐魅娘"的诱惑，并帮助颈深屈肌重新获得力量，你需要通过渐进式超负荷来强化这些肌肉，同时通过视力训练来锻炼眼睛，并释放颈部后方经年累月造成的筋膜紧张感。

想要锻炼颈深屈肌，你可以试试本章的这些简单练习。它们做起来可能有些怪异，如果在大庭广众下练习觉得不自在，那找个没人的地方训练也无妨；但如果你觉得这根本没什么大不了的，那就在健身房找个地方练起来，让大家见识一下什么才是真正的颈椎训练。

练习 1：小鸡点头

　　第一个动作单看名字就有些怪异，叫小鸡点头。它需要让你的头前后移动，就像小鸡点头一样。需要注意的是，你必须全程保持头部中立位，也就是面朝前方，既不要向上看也不要向下看。为了达到更好的效果，练习时你可以选择靠墙站立，在头部向后移动时让后脑勺推向墙面，如果出现"迷人"的双下巴，那说明动作没问题了。

肩贴住墙	前伸头部	后缩头部

练习 2：活动下颈椎

　　一旦你了解了颈部不能总是维持在相同位置上，我们就建议你发挥一些想象力，完成一些更复杂的练习。

　　颈部具有多种活动方式，所以不必只拘泥于活动上颈段。我们可以通过以下训练来提高下颈段的灵活性：

　　1. 通过触摸找到颈椎的关节。用你的指尖沿着颈椎一节一节向下到颈部最下段，你会在此处感觉到一个明显的凸起，并且在凸起的上方能摸到浅浅的凹陷。这个凸起和凹陷所形成的组合就是最后两节颈椎所在的位置，我们接下来需要运动这个部位。

　　2. 在此处练习小鸡点头。

　　3. 如果小鸡点头完成得不错，就可以尝试颈部的左右运动。

　　4. 如果掌握了左右运动，可以让你的颈部在正方形中移动：向前，横向一侧，向后，横向另一侧。然后改变方向重复。

　　5. 在刚才运动的基础上，想象正方形变成一个圆形，头部绕着圆圈更加平滑地运动。此时仍需要把注意力集中在下颈椎。

　　6. 除此之外，你也可以尝试左右转动或者上下移动颈部，去感受下颈部的运动。

　　7. 可以在上面步骤中获取模板，然后发挥你的创造力将其应用于不同的头部位置上，你可以向右滑动头部的同时加上颈部画圈，或者抬头的同时做小鸡点头动作。基本上，任何下颈椎的动作都可以。

触摸下颈段

在各种位置做小鸡点头动作

练习 3: 抗阻小鸡点头

接下来我们可以利用渐进式超负荷原则继续增强你的颈深屈肌力量。步骤和前文一样，可以将一条弹力带固定在后脑勺的位置，双手抓住头部两侧的弹力带两端来增加一些阻力。

但注意一定不要过度用力。因为阻力太大会使颈部的浅层肌肉（如胸锁乳突肌）参与进来，变得过度发达。所以你需要一条适合自己的轻阻力弹力带。

弹力带抗阻小鸡点头，头颈向前

弹力带抗阻小鸡点头，头颈回到中立位

练习 4: 侧倾

把弹力带固定在头部右侧，用左手握住其自由端。先保持身体中立位，然后用头抵抗弹力向右倾斜，再恢复到中立位。完成后另一侧重复此动作。

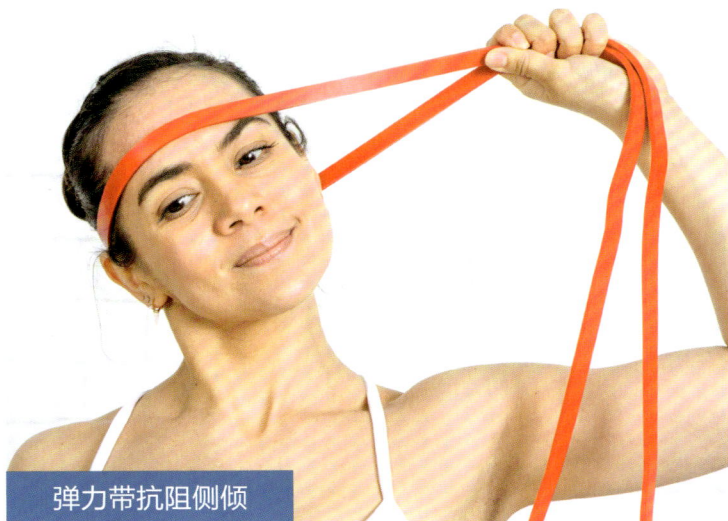

弹力带抗阻侧倾

练习 5：旋转

把弹力带固定在头部左侧，用右手握住其自由端。先保持身体中立位，然后转动头部，使其转向与右手相反的方向。完成后另一侧重复此动作。

弹力带抗阻旋转

练习 6：视力操

如果你的颈部需要额外注意，那么去看眼科医生可能会获得意外的帮助。因为即便你做了世界上所有的颈部训练，却不得不因为各种原因，依旧需要长时间眯着眼睛费力地盯着显示器，这会使你的颈部终日处在前移的位置上。

但需要注意，眼科医生也未必是救命稻草。他们擅长检查和改善你在静坐不动时的眼睛状态，但却容易忽略运动（如攀岩、踢球或骑山地车）时的眼睛状态。这就是为什么需要通过专门的训练来增强你的视力。这些训练可以在不佩戴眼镜或隐形眼镜的情况下改善视力。

这些训练以不同的方式转运眼球，以增强眼部肌肉和控制。如果你有改善视图的需求，可以跟着下文中我们设计的专门练习，每天完成自我训练。

视力训练还有很多好处，但这不是本书想要强调的重点。我们只想告诉大家，视力训练的威力如同炸弹！只要你完成这些训练，就会刺激到脑的很多区域。这些训练不仅能改善视觉能力，还能改善整体功能。在本书中，我们讨论脑干、小脑、脑皮层等等内容，而所有这些，都可以通过在日常生活中增加视力训练而得到功能优化。

注意 如果你在训练中能做到不戴眼镜，那就尽量不戴。但如果你不戴眼镜会视力模糊难以完成训练，那就先戴上，然后慢慢尝试在训练中移除眼镜。坚持每天练习 10 ~ 20 分钟，每周练习 5 次。另外，如果你能把这些训练分散在一天中不同的时间段进行，最终效果会更好。

训练初期，你可能需要坐着完成这些训练，以确保安全。但当你已经熟练掌握训练内容时，就可以按照渐进式超负荷原则，在不同体姿下进行这些训练。

请注意不要过度训练。训练中如果出现眼部肌肉紧张疲劳是正常的，但过度紧张会适得其反。在训练的间歇，需要安排时间进行放松和深呼吸。放松通常是提高视力的关键。

还需要注意，如果在训练中出现头晕、视力模糊、看东西出现重影的症状，需要立即停止训练。如果停训后症状不消失，需尽快就诊寻求医生的帮助。

视觉放松操

当你结束长时间紧盯屏幕，准备开始视觉训练前，可以先让眼睛恢复放松状态。最简单的方法是眺望远处，让眼睛处在放空状态，不用聚焦在某一点上，保持此状态20～30秒。也可以选择快速眨眼5～10秒。

除了上面两种方法，还可以给自己做一个眼部按摩，轻轻地按揉眼窝：

1. 将3根手指放在下眼眶上按摩。

2. 将示指放在内眼角附近，轻轻向上推入鼻梁。

3. 将示指放在外眼角附近骨嵴处按摩。

4. 将拇指或3根手指放在上眼眶上按摩。

5. 闭上眼睛，用示指和中指轻轻触压眼球中心（只用指尖接触，就像你在给婴儿屁股擦粉一样轻柔）。

| 示指内眼角按摩 | 拇指上眼眶按摩 |

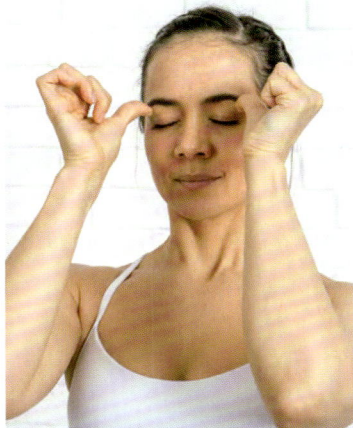

还可以尝试用手掌来放松眼睛：

1. 就像玩捉迷藏一样遮住眼睛（不要用力按压）。不要让光线透过手掌，去感受纯粹的黑暗。

2. 保持30秒，然后放松。

3. 重新眺望远处。记得眺望的同时让眼睛放松。

双手捂住眼睛

基线测试，找到你的起点

在开始练习之前，你需要先做一些基线测试，以评估了解初始视力。几周的训练结束后，可以再次做这些测试，看看自己的视力有什么变化。

斯内伦视力表测试（Snellen Chart Test）

这是经典的视力测试，视力表常见于眼科医生办公室。你可以轻松购得这种视力表。

1. 把图表挂在墙上，站在离它6米远的地方。

2. 手掌拢成碗状遮住一只眼睛，另一只眼睛睁开完成测试。请注意眼睛是脆弱的，所以遮住眼睛的手尽量不要压到眼球，否则容易造成视力模糊。

3. 从大到小阅读视力表上的字母，直到看不清无法辨认为止。把看不清楚的地方记录下来。接下来的训练可能会改善你的视力，所以在一段时间的训练后，再次进行视力测试检查训练效果。

手拢成碗状盖住一只眼睛

远视力评估

在你能看清的最远距离，找到一个物体，记下它与你的距离，并将它的外观如照片般清晰地印在脑海里。随着视力的提高，你就能逐渐地以同样的清晰度观察更远处的物体。

眼部肌肉等长训练

肌肉在收缩时长度不变，被称为等长收缩。在眼球周围有多条特殊肌肉使它产生运动，接下来的这些训练可以强化这些肌肉。这些训练的目的是把头部的运动和眼球的运动分开。每次等长收缩可保持5秒。

1. 用一只手握住一根棒棒糖（可作为视力训练后的奖励）、钢笔或短棍，保持一臂距离。手臂伸直向身体两侧移动。在保持头部不动的同时，目光跟随物体移动，最后眼球在此位置保持5秒不动。

2. 手持物体回到中央（身体正前方），换另一只手握住物体。平稳地移动到另一侧，最后眼球在此位置保持5秒不动。

3. 试着向上移动手臂完成垂直运动。目光跟随物体尽可能达到最高点，最后眼球在此位置保持5秒不动。

4. 再手持物体向下移动，目光尽量跟随。最后眼球在此位置保持5秒不动。

5. 尝试在对角线上移动物体——右上、右下、左上和左下，目光跟随物体。在每个方向上最后眼球保持5秒不动。

尝试录下训练过程，看两只眼睛是否能一起完成运动。

头不动，眼动

头部环绕

在这个训练中，你需要在转动头部的同时，始终凝视物体不要让它离开你的视线。

1. 一只手握住棒棒糖、钢笔或短棍，眼睛保持盯着它，让头按顺时针方向缓慢转动3次。

2. 眼睛保持盯着物体，头按逆时针方向转动3次。

3. 完成两个方向的转动后，快速检查你的身体状态，确认是否有憋气或紧张的身体部位。如果有，就让头部画的圈直径缩小一半。如果这个训练对你而言很轻松，就可以把物体拿得更远，盯着它运动头部画一个更大的圈。

眼不动，头转动

目光螺旋运动

用一个物体（如棒棒糖）螺旋画圆的同时让你的眼睛一直盯着它，目光跟随它运动。

1. 物体的起始位置在鼻子附近，慢慢让它一边螺旋转动一边远离你，用30秒的时间将其远离你的鼻子，再用30秒的时间将它移回原处。当它远离你时，逐渐增大旋转幅度，靠近你时逐渐减小运动幅度。

2. 如果你想要加大难度，可以通过改变螺旋幅度的大小以及移动物体的速度，来达到渐进式超负荷的效果。可以从低到高，再从高到低螺旋运动，用10秒的时间螺旋上升，再用10秒的时间螺旋下降。

在训练间歇，可以执行前面所述的掌心放松技术（用双手捂住眼睛）使眼睛得到休息。

目光螺旋运动

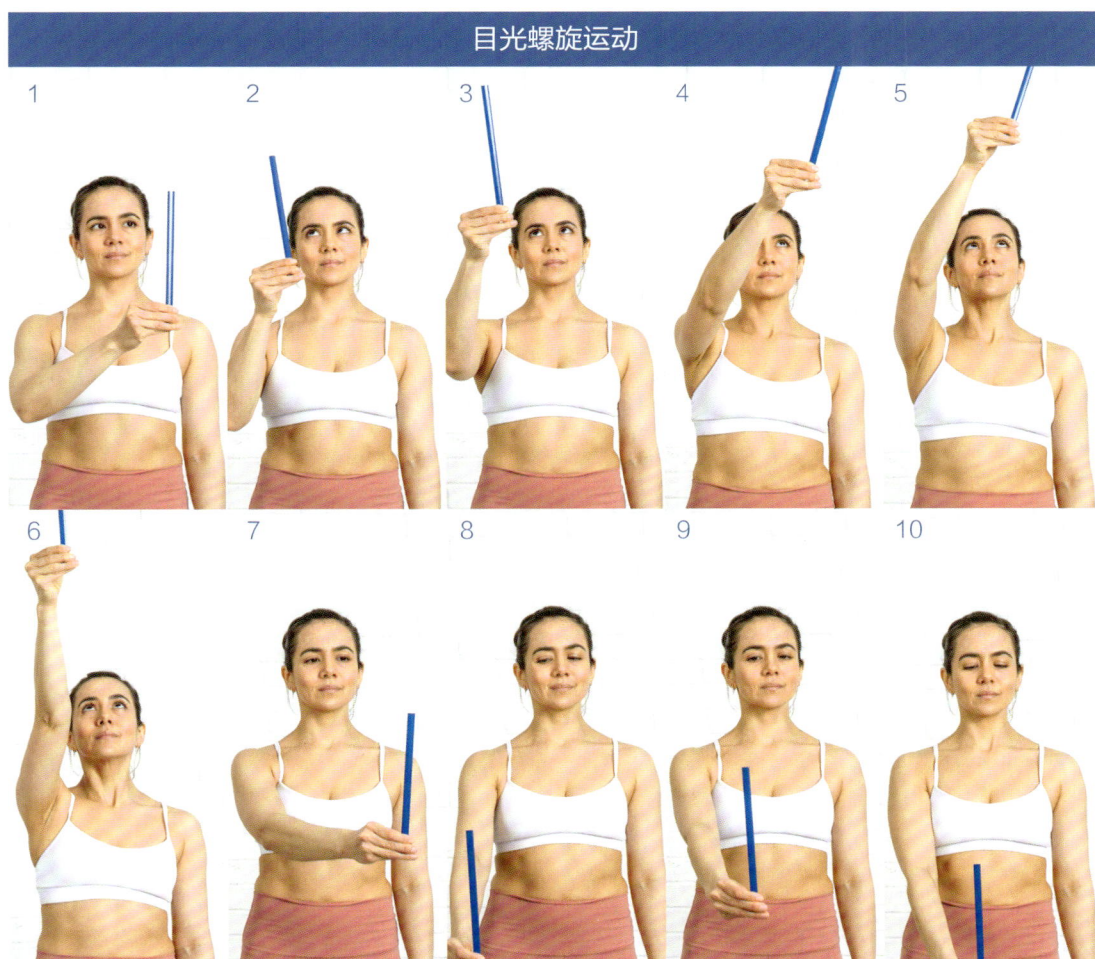

画"H"运动

眼睛结束适当的休息后，可以尝试以下练习：

1. 将棒棒糖、钢笔或短棍举在面前。把它移到一侧，让目光跟随它。

2. 在水平线的末端手持物体画一条垂线，形成字母H的一竖。

3. 再将物体移回中心，并在另一侧执行相同的动作。

4. 重复步骤 1~3 两次。

5. 拿掉物体继续进行这个练习，来给眼部运动增加负荷。想象用你的目光画一个"H"。不是很难？那就试着用目光正着和反着画ABC这种两侧不对称的字母。是不是还挺难的？

棒棒糖俯卧撑运动

接下来我们要做俯卧撑了，你准备好了吗？别紧张，并不是真的俯卧撑，而是棒棒糖眼睛俯卧撑运动。这个运动帮助近视和长时间阅读的人缓解眼部疲劳。

拿一支棒棒糖、笔或短棍靠近鼻子，然后慢慢将它移开，目光跟随物体运动。此动作重复做3~5次。

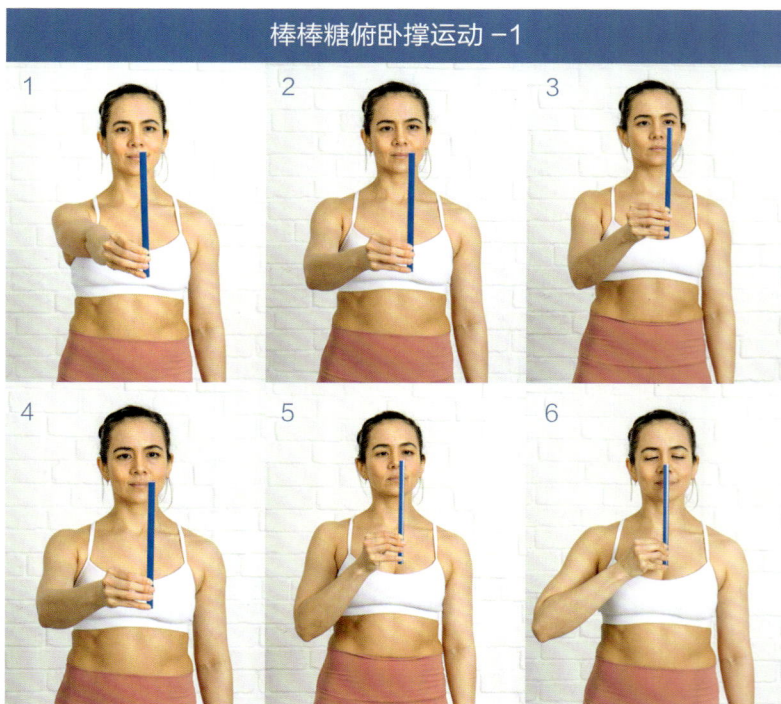

棒棒糖俯卧撑运动 −1

在这个版本的棒棒糖俯卧撑运动中，你要做的是目光从近焦点到远焦点的转换：

1. 手持棒棒糖、笔或短棍置于面前一臂距离远，目光停留在物体上。

2. 然后抬起眼睛向远眺望。

3. 再次把目光聚焦在物体上，然后逐渐将它贴向你的鼻子，整个过程中目光随着它一起移动。

4. 当物体贴近鼻子后，再次抬起眼睛向远眺望。

5. 目光回到物体上，将它从你的鼻子上移开，慢慢回到一臂距离，整个过程中目光随着它一起移动。

6. 再次抬起眼睛向远处眺望，重复这个过程。

棒棒糖俯卧撑运动 -2

再休息一下！检查身体是否有紧张的部位。按摩按摩眼睛，连续眨眼5秒。让你的眼睛再次准备运动。

目光切换运动

接下来这个运动难度就更大了，可能会让你满头大汗！需要每个方向完成20次练习。

1. 每只手握一支棒棒糖、笔或短棍，双臂完全伸展。

2. 保持头部静止的同时，尽可能快地来回扫视双手的物体，让眼睛的焦点左右移动。

眼睛左右切换

眼睛上下切换

3. 然后换成一上一下握住物体，试着尽可能快地垂直上下扫视物体（上下移动）。

4. 再尝试对角线运动，左上到右下或者右上到左下扫视物体。

另外，还可以尝试通过增加速度、距离或重复次数来逐渐加大练习的负荷。

记住，进行放松非常关键！现在眼睛感到疲劳了吗？是时候用掌心放松技术来休息了。

视野边缘行走运动

我们总是被教育走路要小心，要低头注意自己的脚步。但这个运动恰恰相反，需要你找到一条安全的走廊或通道，不要低头，慢慢行走。在行走时目光保持注视远方。

1. 目光开始留意视野边缘的事物，注意你的上方、下方以及左侧和右侧各有什么物体。

2. 继续行走，并保持这种意识和专注。

以完成5分钟行走为目标，但如果你觉得5分钟太久，那就从30秒到1分钟开始练起，然后慢慢延长时间。

看到这里，你可能会想："谁有时间去做这些啊？"但实际上，完成这些训练只需花费15分钟。

第五章　腹横肌和盆底肌

从表面上看，腹横肌与盆底肌各自独立，但实际上，它们相互依赖。所以本章将它们放在一起讨论。腹横肌与盆底肌在人体中通过肌筋膜系统错综复杂地交织在一起，它俩喜欢在打喷嚏、咳嗽或跳跃等强有力的收缩动作中进行配合。

腹横肌

　　腹横肌（transverse abdominis）女王，值得拥有一部专属于她的广告大片——在片中她一双曼妙的手舞动在腹前，给大家展示她的各种特点。就像紧身衣包裹着身体一样，腹横肌紧紧裹着腹部和下背部，收纳所有器官，保护它们的安全，防止它们脱出，避免引发混乱。腹横肌在身体中发挥着独特的作用，如果你将要打喷嚏、咳嗽、大笑或高兴地跳起来，它能提前知晓，然后在一瞬间收缩到合适的程度保护你免于因腹部压力的突然变化而对腹部器官造成的破坏。

　　打个比方，如果将你比作腹横肌，将你的脏器比作一名婴儿，那么无论是打喷嚏还是咳嗽，都相当于你怀抱婴儿站在暴风雨中。你需要紧紧地裹着婴儿——不能抱太紧，不然会对婴儿造成伤害；但也不能抱太松，不然大风会把婴儿从你怀中夺走。

　　但是！如果久坐魅娘魅惑了你，你每天久坐12个小时且天天如此。那么站在大风中你将力不从心！你无法拥有足够的力量和灵敏度来保护婴儿。如果你再患有过度活动谱系障碍，那不光是婴儿，连你自己也会被吹走！

　　由于受到久坐魅娘的魅惑，你会享受陷在沙发里的时光，习惯于开车代替步行，习惯于乘电梯而非走楼梯，那腹横肌就会因此变得不再能适应生活和运动。缺乏身体活动对小脑也没有任何好处。在运动中，小脑通过增加脊柱和核心肌肉组织的活动来帮助稳定身体的中位线。而当你不常运动时，小脑就会停止练习这项技能。这种缺陷，再加上本身组织中的胶原蛋白形成不良，可能会使腹横肌难以完成将腹部器官保持在正常位置上的任务。

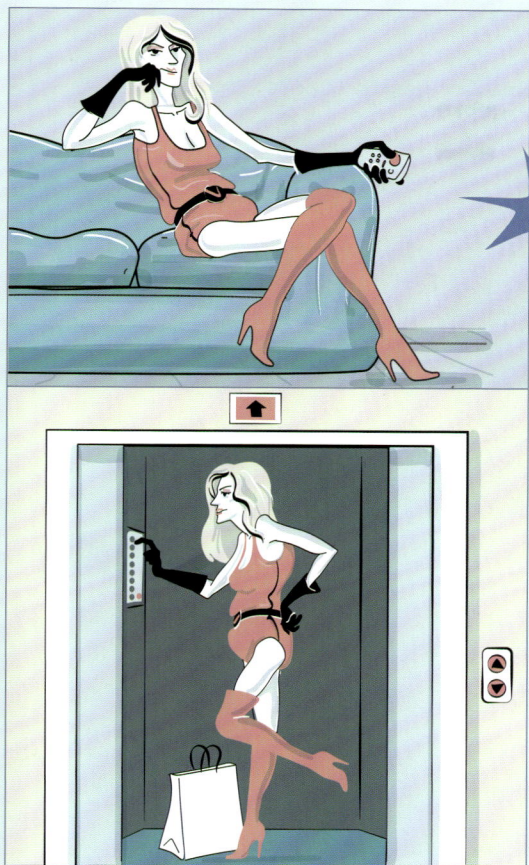

运动需要有稳定的基础。因此，腹横肌与其他核心肌群的支持对于安全且舒适地活动四肢，以及为内脏器官提供支撑至关重要。

可以这样去理解：小时候你如果想爬上门框，就必须手脚并用抵住门框，对抗重力向上移动。同理，内脏器官（如同手脚）会互相推挤维持适当的位置，而腹横肌（如同门框）必须保持稳定形状来承受这些推挤。在过度活动者身上，因为"门框"（腹横肌）有时过度松软无法承受推力，所以"手脚"（内脏器官）也就无法维持在良好的位置上。

除了能让内脏器官保持在适当的位置，腹横肌还帮助保护脊柱。虽然不是所有腹横肌薄弱的人都会出现腰痛，但研究表明如果患有腰痛，强化腹横肌可以显著减轻症状。

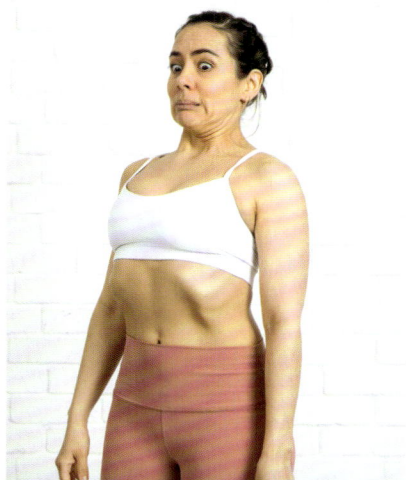

紧绷腹部并不代表核心强健

　　必须强调的是，为了使腹横肌发挥良好的作用，它需要反应灵敏，而不是紧张僵化！例如，当你要拿起一个玻璃杯，需要恰到好处地轻轻地抓住它的杯身；而当你要举起一个很重的杠铃，就需要增加抓握的力量。腹横肌也需要对正在做的事情做出合适的反应。如果你正在帮奶奶搬沙发，腹横肌最好能以适当的反射性活动来支撑你的核心部位。但如果你只是背一个空包，腹横肌所需的激活程度就低得多。

　　一些健身专业人士出于善意，会告诉你必须拥有强有力的腹横肌。但在实践中，他们往往使你腹横肌过度激活，导致腹部僵硬。他们经常喊出诸如"启动核心""收住腹部"和"绷紧腹部"之类的口令，但这些口令并不能带来理想的腹横肌力量，因为肌肉不仅需要收缩，也需要合理放松！

让腹横肌重新成为超级巨星

如果你生活在原始的大自然中，就需要整天搬运重物维持生计。水、食物、建筑材料和柴火，都需要不断地收集和搬运，而你的身体也会适应这种不断变化的负荷。

但现代人的生活截然不同。我们不仅缺乏运动，也缺乏承受各种负荷的机会。现代人的腹横肌似乎可以分为两个阵营：一些人的腹横肌如同躺在棕榈树下品尝鸡尾酒一般懒散，而另一些人的腹横肌却紧张过头。

如何才能做到平衡？

运动频率是一个很好的切入点。与其在结束 8 小时的久坐工作后锻炼整整 1 小时；不如把运动分散开来，早上、中午和晚上各锻炼 20 分钟。即使是在工作间歇抽 2 分钟运动，也比持续坐一整天效果要好。那不如就趁现在，花 1 分钟时间，站起来摆动一下屁股，做一两个深蹲，给久坐魅娘竖个中指吧！

接下来我们要在你的动作中加入一些变化，来改变身体的负荷以及需求。如前所述，小脑反射性地通过增加脊柱和核心肌肉的活动来稳定身体中位线。通过这个巧妙的特性，在运动中增加一些干扰，就可以让你获益。小脑会注意到干扰带来的"错误"，并帮助你纠正，从而提高了中位线的稳定性和外周关节的协调性。

另外，小脑也喜欢新鲜感。如果你一直想学习新技能，我们鼓励你尝试！跳舞、体操、羽毛球或任何需要不断进步的活动，都是激发小脑热情的秘诀。

还可以通过让脊柱抵抗负荷的方法（也就是抗阻训练）来刺激腹横肌。一项研究表明，宇航员的身体因为缺乏重力负荷，导致其脊柱受伤的风险增加。还有研究发现，通过对身体施加垂直负荷，能最有效地增强宇航员的腹横肌。所以在开始锻炼之前，可以像右图一样，用弹力带进行一些基本运动来作为热身练习。这种方法模拟了你在站立或行走时重力对身体的垂直力。

蜷缩在洗碗台边

腹部顶着洗碗台

垂直负荷的作用不容小觑，所以在拯救腹横肌的下一个任务中，你需要更加意识到你借助外部支撑（如椅子、沙发和床）的频率，或者甚至意识到你在本该对抗重力站立时却倚靠着其他物体的频率。例如：

- 洗碗时你是否将腹部倚靠在洗碗台边？
- 玩手机时你是否用肘部倚靠在台面上支撑身体？
- 和朋友在街边聊天时，你是否不自觉地靠着柱子或其他物体？

如果只是偶尔使用这些姿势，并不会有什么坏处。但如果你总是倚靠物体来支撑身体，缺乏垂直负荷，那么你就可能遇到和宇航员一样的麻烦。

最后，我们教你利用呼吸来锻炼腹横肌。理想情况下，吸气会使腹部和胸腔扩张，呼气则会使它们回缩。可以用手进行触觉反馈，检查自己的呼吸机制是否有异常。将一只手放在腹部，另一只手放在胸前，尝试感觉呼吸时身体容易移动的位置和卡住的位置。然后可以用你的手作为阻力工具进行练习。

吸气，腹部扩张

呼气，腹部回缩

例如，如果你在吸气时腹部倾向于回缩，那么此时可以将手置于腹部给予腹部一定的阻力，尝试让腹部扩张把手撑开。如果是双侧胸腔没有扩张，则可以尝试用一条旧弹力裤包裹住胸腔，然后吸气让胸腔扩张，去对抗弹力裤的阻力。

抗阻呼吸

掌控我的腹内压！

现在知道核心为什么不能紧张了吧！呼吸时核心应该随着膈肌运动而有规律地扩张和收缩。

还是不知道如何去感受腹横肌？不要紧，为了评估腹横肌是否启动激活，可以将双手放在两侧髋骨内侧的软组织上，然后尝试下面的"锻炼"：

腹横肌启动

腹横肌关闭

- **邪恶大笑：**

在我们关节过度活动者的内心深处，隐藏着一个邪恶大反派，企图利用我们的超能力来统治世界。虽然他统治世界的计划遭到他人反对，使他不得不从长计议，但他也不是一无是处——他邪恶的笑声可以不被评判。邪恶大笑或放肆大笑都会自动唤醒腹横肌女王。将双手放在你两侧髋骨内侧，感受柔软的腹部，然后释放你内心的邪恶吧，尽你所能发出最邪恶的笑声！感觉到激活了吗？那就是腹横肌！

MUAHAHA

● **黑肺咳嗽：**

除了大笑，另一种能有意识控制腹腔压力变化的活动是咳嗽。在电影《超级名模》（*Zoolander*）中，主角埃里克·祖兰德（Eric Zoolander）觉得模特的工作难以保障生活，于是决定前往他父亲和兄弟所在的煤矿工作。在矿井里待了一天后，他开始咳嗽，他把这种咳嗽称为"黑肺"。现在你想象一下自己患有"黑肺"，在咳嗽时，用手触诊髋骨内侧的软组织，所感觉到的就是腹横肌的收缩（如果你没看过《超级名模》，不妨找来一看）。

● **盆底肌激活：**

腹横肌和盆底肌通过筋膜相连，这意味着如果其中一个收缩，另一个也会随之激活。我们将在下一页讨论盆底肌，但现在不妨先感受一下，试着让盆底肌收缩，感受它如何与腹横肌共同工作。假设你在公共场合突然想放屁，这时为了避免尴尬你需要提起盆底肌防止气体泄露出去。提起盆底肌到一定程度就感觉到腹横肌的收缩。

盆底肌

作为腹横肌的工作伙伴，盆底肌也是人体的"超级英雄"之一。它能够支撑器官，阻止器官从身体里掉出来（脱垂），同时还防止因"意外"而造成的大小便失禁。盆底肌就像骨盆下方的一张网，默默地将器官规整地固定在相应位置上，并在需要时熟练配合帮助完成排尿、排便或排气。它就是个天才。

和腹横肌一样，盆底肌也是聪明的秘密特工。当你将要打喷嚏、咳嗽或大笑，它会瞬间启动，随着腹内压变化而提供支撑；当你在蹦床上弹跳时，它可以在重力变化过程中使器官保持在原位；当你需要举起重物时，它能在不需要意识控制的情况下反射性收缩，防止"事故"发生，从而挽救局面。

上面这些例子都说明了盆底肌的重要性。但需要注意的是，盆底肌也像其他肌肉一样，会用进废退！所以该如何"调动"盆底肌？它不应该自主完成工作吗？

按理来说，它确实应该自主完成工作，这是它进化出来的能力。但是"久坐魅娘"和单调重复的动作使它发生了改变。有些人可能会想，"那我总是尿裤子，是不是代表我的盆底肌损伤了？"

与失禁作斗争的人，通常会尝试主动"调动"盆底肌，通过锻炼来强化它，如长时间收紧这块肌肉。但我们并不建议这样做，因为如果不去放松它，它就会变得疲劳。这种疲劳在瑜伽和健身人群中非常常见，他们在训练时总是一直收缩盆底肌。他们的盆底肌往往也表现出过度活跃，因此这些人容易患上压力性尿失禁。压力性尿失禁是肌肉（盆底肌）总是非常努力地工作，结果在打喷嚏或咳嗽时，肌肉由于过度紧张和疲劳，无法完成它的支撑工作，然后就出现了"事故"。

还有些人会单独进行盆底肌锻炼。虽然这种练习可能有帮助，但除非其与你的呼吸联系起来，并最终与功能性运动相结合，否则益处也不大。这就好比一个长期卧床的人，站起来做了一个深蹲，然后又立马回到了床上。

所以最好的方法，是规律地进行各种活动，并在活动中强化训练盆底肌。也就是在你最喜欢的训练方式中，配合呼吸有意识地调动盆底肌。最终，当盆底肌能够反射性地启动时，就能回到秘密特工的岗位，在不需要意识控制的情况下，熟练地保护好器官和体液。

腹横肌和盆底肌失衡的问题

因为关节过度活动者们的身体组织过于有弹性，所以需要注意久坐生活方式所带来的影响。长期久坐，腹部的内容物会压向盆底肌，这会让它像吊床一样下沉，被拉得越来越长。所以你需要确保自己经常活动。

研究表明，因为过度活动者容易发生脏器脱垂，器官从阴道或肛门脱出。为了防止脱垂发生，在排泄时要避免过度用力。通过深呼吸和缓慢呼吸训练身体放松是很重要的。

尿失禁是一种常见的功能障碍，它可能发生在任何年龄段。我们需要通过训练让便便和尿液获得许可后才被排出，决不能让意外发生！虽然这么说有些危言耸听，这个问题不会影响到每个人，但它确实很常见。

看到这里，你一定想说，"行了快告诉我，我能做些什么！"

锻炼盆底肌

为了让盆底肌高效工作，需要通过呼吸来激活它。吸气时，腹横肌和盆底肌放松；呼气时，它们会收紧。

> 快速回顾胸内压：压力的增加意味着肺里有更多空气。随着压力的增加，器官会被向下推向盆底肌，从而为吸入的空气腾出空间，所以吸气过程中盆底肌需要放松。呼气则与这个过程相反，所以呼气时盆底肌需要收缩。

盆底肌通常被称为第二膈肌。当我们思考盆底肌和膈肌的工作方式时，总会联想到一种舞蹈：呼气时，盆底肌收缩，膈肌放松；吸气时，膈肌收缩，盆底肌放松。所有人都需要练习这种舞蹈，无论是否存在关节过度活动。虽然我们关节过度活动人群本体感觉不好，协调能力很差，但别担心，情况还不至于太糟糕。如果你练习了这种舞蹈，脑会感到愉悦，它会开始提醒你不断练习，直到这成为本能。下面的训练方法可以帮助你的脑下意识地做到这一点：

1. 吸气，放松腹横肌和盆底肌（如果你觉得难以放松身体的这部分，你可能需要寻求物理治疗师的帮助）。

2. 呼气，盆底肌和腹横肌收缩。如果你采取仰卧位或坐位，这种姿势下的收缩程度会很温和。如果你采取平板支撑姿势，并且让两岁的孩子爬到你的背上，这种姿势下的收缩程度会更剧烈。同样，你的目标是盆底肌反射性收缩。

> 我看起来像在冥想，但实际上我在做阴道体操。

> 记住，不必追求静止不动的腹部。我们的腹壁应该对呼吸产生的压力变化做出反应。

核心形态

如果你很难感受到肌肉收缩，请寻求物理治疗师的帮助。

有研究表明，有些人认为自己在调动（收缩）盆底肌，实际上却是将盆底肌往下推。这与目标恰恰相反，所以需要找到盆底肌正确收缩的感觉，应该是上提盆底肌（感觉像正在憋大便），并且使上提和呼气同时进行。

一开始，可能需要全神贯注才能完成这样的呼吸练习。但当你掌握窍门后，开始将它融入公园散步或健身房锻炼中。随着你的信心进一步增强，这种呼吸方式将会成为本能。

超能力提升训练：吹气练习

吹气练习

吹气练习就是先正常吸气让肚子鼓起，然后撅起嘴唇呼气（注：噘嘴呼吸会增加胸腔内压力）。

盆底肌和腹横肌会对这种呼吸策略做出反射性反应，如果你肌肉无力，这个练习会尤其有帮助。一旦盆底肌和腹横肌能正常工作，就可以不再使用这个呼吸策略，但仍要保持呼气与肌肉收缩之间的协调。

第六章　后侧链

我们的祖先生活在原始自然环境中，承受着各种压力和刺激。为了应对这些压力，身体会产生一系列适应，以确保物种延续。同样的适应正在这个星球上的每一个个体身上发生，无论这个个体是否存在关节过度活动。

人们以不同的方式适应环境，其中一部分原因是人们的习惯和生活环境皆不相同，所以每个人需要处理的压力也是独特的。但如今，大多数人都选择屈服于"久坐魅娘"，相似的生活方式使习惯与环境的差异日渐减少。人们热衷于陷进柔软的沙发、行走在平坦的路面上、穿好看却不舒适的鞋、出门就使用代步工具。在大城市中生活的人们甚至可以将几乎所有买到的东西直接送到家门口。

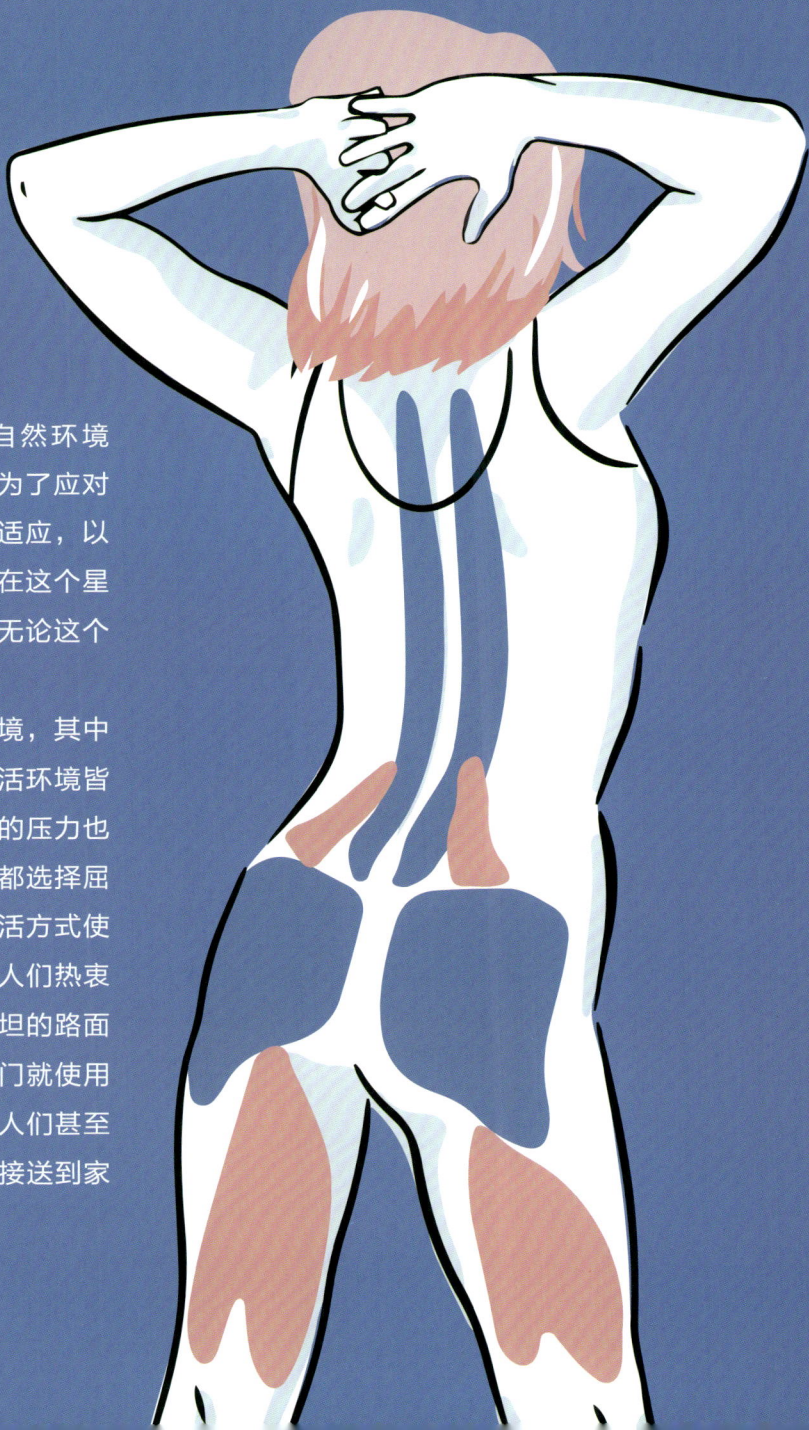

适应没有好坏之分。

短期来看，适应这些环境变化让我们更加舒适，但也消除了我们压力源。我们一直在重复一个道理：用进废退。

这让我们知道了人类必须发展强大的后侧链，这是人类赖以生存的、最重要的生理特征之一。

构成后侧链的肌肉有小腿三头肌、腘绳肌、臀部肌群和背部肌群。将物体（外部物体）举起靠近身体能够强化后侧链。我们的祖先必须经常进行这种提举技能才能在自然界中生存。他们需要将孩子们驮在身上，搬运水和食物至数公里外，甚至由于环境变化，他们每年需要迁徙数次。而生活在现代的我们，有车子、电梯、起重机和送货服务，我们的后侧链早已去黄金沙滩度假了。

不仅如此，对舒适的渴望也使我们将后侧链放在了椅子和马桶座上——这些工具让我们不再需要下蹲。随着对下蹲需求的减少或消失，伴随着下蹲动作的身体适应也随之消失。这就是"久坐魅娘"的秘密力量——便利性。她利用这一点几乎消除了现代生活中对运动的需求，尤其是举物。

背部肌群

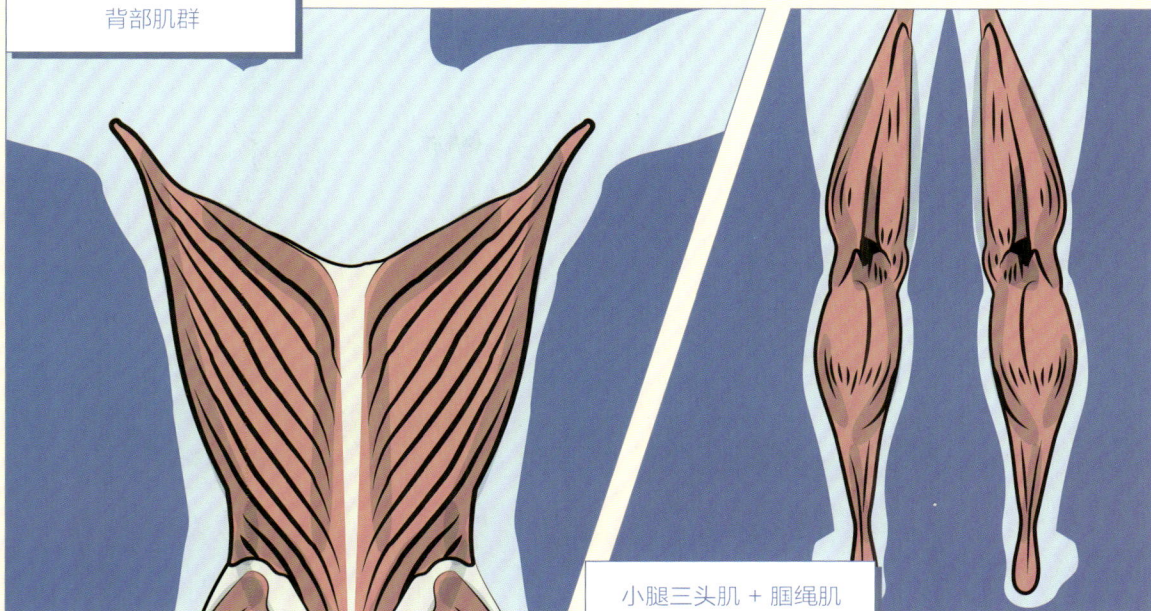

小腿三头肌 + 腘绳肌

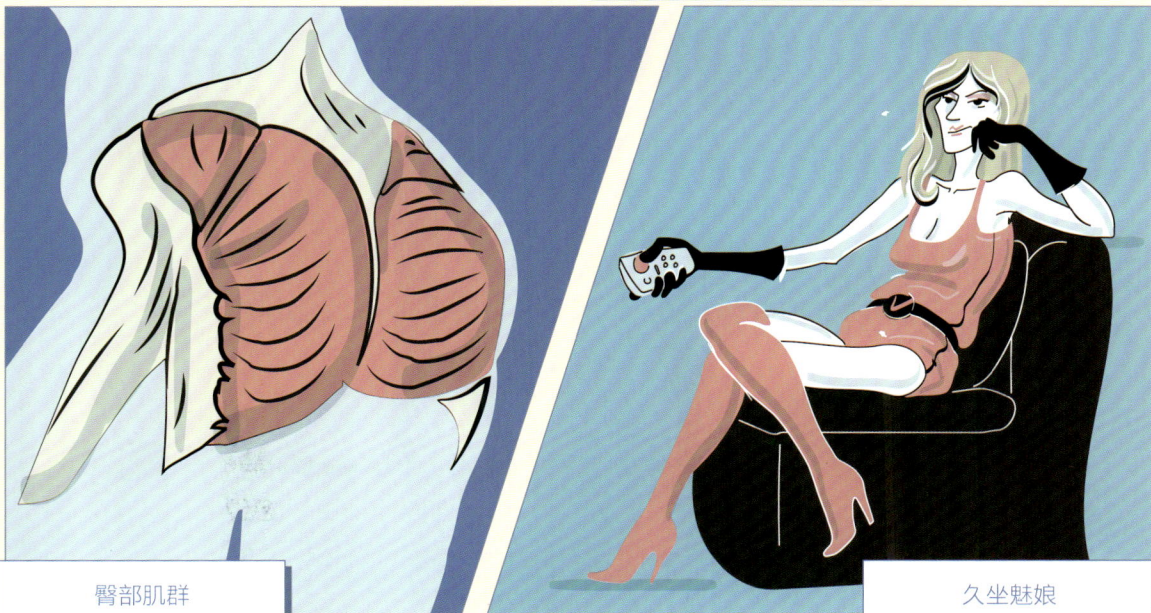

臀部肌群

久坐魅娘

　　我知道你可能会想，"等等，亲爱的，我们现代人早就不需要担心生存问题了，既然生存问题已经解决，为什么不能让后侧链脱离束缚，适应现代环境不是挺好吗？"

　　不！我们强烈建议你继续阅读并了解真相……

臀部肌群由3位超级英雄组成，能使我们免受一些愚蠢的伤害。

臀大肌（gluteus maxiums），是深受人们喜爱的角斗士和电视剧《老友记》（friends）的超级粉丝。他负责髋关节伸展和外旋。在日常生活中，你非常需要他，尤其在站立、提举和行走时。

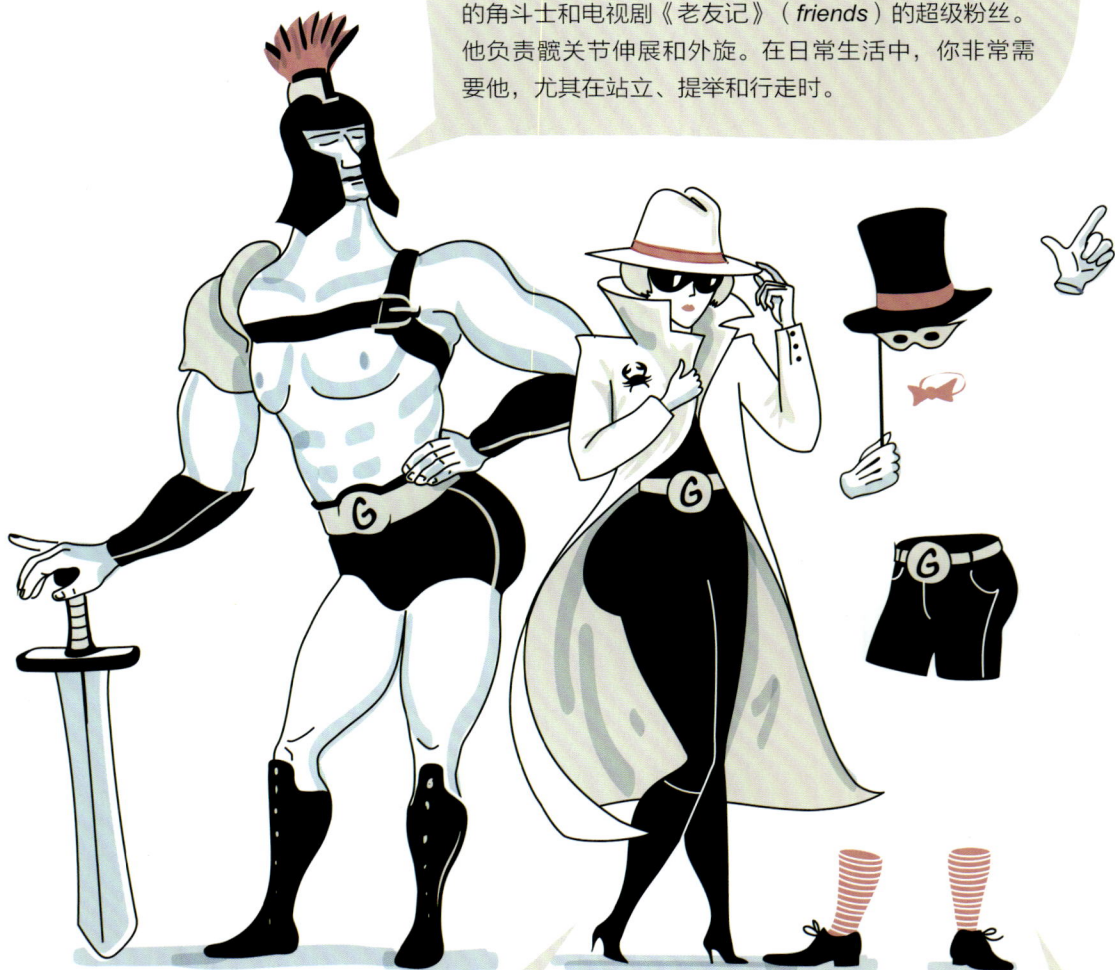

臀中肌（gluteus medius），一名娇小的探员，是团队中的稳定剂，是喜欢的动物是螃蟹。我们有时称她为 M 探员。骨盆稳定性离不开臀中肌和臀小肌的帮助，尤其在单腿站立时。她还帮助膝关节保持稳定。

臀小肌（gluteus minimus），代号幻影。他是 M 探员的助手，是个隐形的捣蛋鬼。

能够举起物体，对我们的生存或许不再重要，但对身体的健康来说却不可或缺。

反射性激活后侧链

尽管我们是有针对性的臀肌激活训练的超级粉丝，但还是需要提醒你，这些训练只是一种暂时抗衡久坐魅娘的工具！我们看到很多人做臀部训练直到面红耳赤还不肯停下，却仍然无法真正激活臀部肌肉。

内耳

如果发生这种情况，有必要将目光投向脑中的高级系统，特别是小脑和前庭系统。这两个脑部区域不断相互交流，负责让后侧链发挥作用，不仅能让你臀部变得好看，还能让姿势变得完美。所以，我们将展示如何唤醒前庭脊髓束，帮助你反射性地稳定姿势。

唤醒前庭脊髓束

想要唤醒前庭脊髓束，可以尝试下面的练习：

1. 双脚并拢，站立闭眼。

2. 完成一个突然的、瞬时的头部运动，然后保持5~10秒。头部运动可以是

- 左右旋转
- 左右侧屈
- 抬头和低头

可以通过单腿站立来提高这个训练的难度，或者增加干扰，如把弹力带绑在一个固定物体上，然后另一端套住身体，利用弹力达到增加干扰的效果。

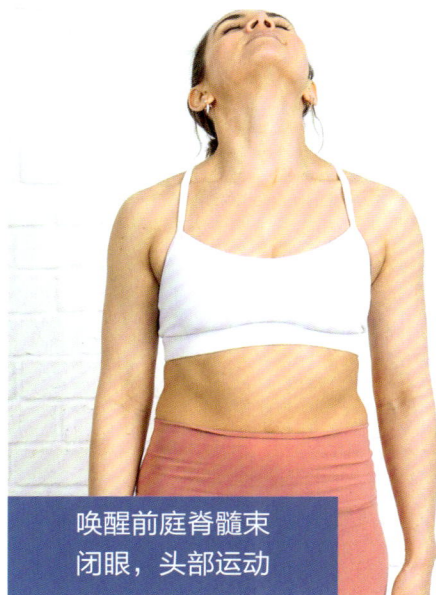

唤醒前庭脊髓束
闭眼，头部运动

刺激小脑

前面讨论了渐进式超负荷，并解释了如何利用它让身体更快地适应。在激活小脑方面它也非常有帮助，特别是在进行变速训练、负重训练、全幅度训练时。我们选择了一些用于手部、脚部和胸椎等多关节部位的练习，以展示如何快速激活小脑。

- 1. 开始时，手指伸直，掌心朝上；2. 伸展手腕；3~4. 按拇指方向转动手腕，直到手指朝上指向天空；5. 屈曲手腕，手指朝下指向地面；6~8. 按拇指方向转动手腕，完成8字运动，回到原位。

- 1. 开始时，手指伸直，掌心朝下；2. 伸展手腕掌心朝外；3~4. 按小指方向转动手腕，直到手指朝下指向地面；5. 屈曲手腕，掌心朝内 ；6~8. 按小指方向转动手腕，完成8字运动，回到原位。

胸椎松动

- 胸椎松动：坐在椅子上，将一只脚放于矮凳或瑜伽砖上。双手十指交叉置于抬起的腿的膝关节前侧。先弯曲上背部，然后再伸展上背部直到背部反弓。做动作时始终保持头颈中立位，肩膀不发生任何运动。

要想和小脑共赴浪漫之约，身体就需要保持最佳状态。小脑为了保持活跃需要新鲜感、不可预测和挑战。所以当你尝试改变动作，把动作变得更困难和更复杂时，小脑就会爱上你。有很多方法可以帮助你做到这一点。例如：

- 在直上直下的箭步蹲中，加入髋部环绕。
- 在常规的俯卧撑中，加入颈部环绕。
- 在静态的瑜伽体式中，加入手腕8字环绕。

以上只是例子，你可以以此类推自行调整原有训练，以激发小脑的热情。

闭眼箭步蹲

小脑也很注重细节，所以训练动作必须保证一定程度的准确性。具体做法是给自己设定特定动作目标，比如在特定的地点练习跳跃，或者在做箭步蹲时用示指轻点鼻尖。

　　最后建议你再加入一些平衡挑战。例如，单腿站立时移动视线，或者保持视线不动的同时头部划圈，再加大难度即头部在6个方向上移动（上下，左右，对角线）。

小脑，可爱的小家伙，现在打算做什么？

姿势摇摆

　　我们常在关节过度活动者运动时观察到一种被称为姿势摇摆的现象，其特征是身体在运动路径中发生不受控制的摇摆。虽然这种问题可能是肌肉无力导致的，但更准确的说法是高级平衡系统出现了问题，如前庭系统和小脑，它俩决定了伸肌群、臀部肌群和后侧链其余肌群的活动。

前庭训练

　　1. 双脚并拢站立，闭上眼睛，体会自己身体摇摆的程度。

　　2. 保持双脚并拢站立和闭眼，快速改变头部姿势，并在每个位置保持10～20秒。

- 头左右旋转
- 头左右侧屈
- 抬头和低头
- 头部对角线移动

　　3. 单腿站立，睁开眼睛，再重复相同的头部动作。

请小心

如果做这些训练┃
你感到头晕和不适，就┃
以先在坐位下进行训练┃
适应以后再进阶到睁┃
宽距站立位。如果在┃
眼宽距站立位下能轻┃
完成，就可以尝试闭眼┃
行训练。最终进阶到闭┃
双脚并拢站立位。当┃
上姿势都能顺利完成时┃
不妨试试闭眼单腿站立┃
只要你能想到的都不┃
拿来尝试，但难度一┃
要循序渐进！

增加干扰

增加干扰是我们热衷于讨论的妙招，因为它对于关节过度活动者的训练特别有用，如果你像我们两个（作者）一样，身体总是往一边倾斜，那这个妙招的效果就更强了。

将弹力带的一端套在身上，另一端连接在固定物体上，训练时它会拉动下你远离中心（干扰），如做箭步蹲时把弹力带套在髋部附近增加干扰。西莱斯特的身体总是往右倾，所以她会把弹力带系在身体右侧的某个物体上，从而迫使身体向左侧发力抵抗，这可以帮助她激活所有平时难以激活的肌肉。如果你和她一样，一定要尝试这个妙招，把弹力带固定在身体倾斜一侧的某个物体上。不过就算你没有此类问题，也可使用该策略来增加干扰，但两侧需交替进行以减少不平衡。

弹力带干扰

发展后侧链肌肉的力量

为了让后侧链恢复活跃，你需要从各个角度训练它。第一步，在使用"肚肚时间"的姿势俯卧时，要注意臀部肌肉的参与。"肚肚时间"是一个口语，用于描述将婴儿置于俯卧位（趴下腹部着地），以帮助发展他们的姿势肌。而我们成年人在玩手机、看书或晒日光浴时会也使用这种身体姿势。

在这种姿势下，可能会感觉到肋骨向前撑起且下背部紧张，此时不妨尝试收紧臀部肌肉，特别是当脊柱过度伸展时。当臀大肌步入他的角斗荣耀时刻时，焦点就会从背部肌肉转移。

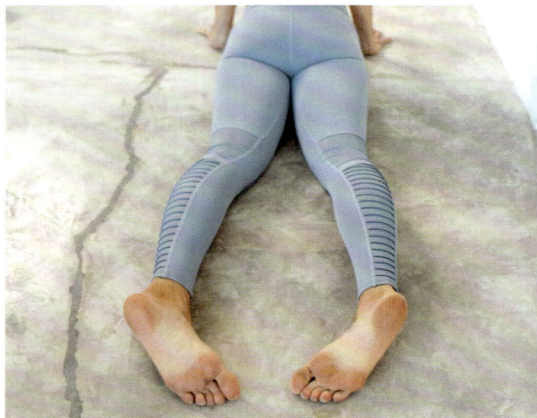

可以把这个方法融入任何训练中，例如，俯卧，利用臀部肌群练习无支撑的半反船式。

你还可以练习普拉提中的游泳式。两条腿交替向后踢，让臀大肌发力使髋关节伸展。该动作不只适用于游泳，还适用于步行。

俯卧下背部伸展

俯卧髋关节伸展

鸟狗式下背部伸展

鸟狗式髋关节伸展

你应该把注意力放在髋关节伸展和上背部伸展（胸椎伸展），而不是下背部伸展。但这里并不是说下背部完全不能伸展，只是你不能过度依赖它。

下一步，保持后侧链肌肉在举重训练或其他抗阻训练中的激活。如果你没有准备好进入健身房，或者健身房对你来说很陌生，让你望而生畏，那就在家中使用弹力带进行练习。你可以利用它练习硬拉、单腿硬拉和过头深蹲，你甚至可以只是站着不动，将弹力带绕过肩膀和足底，为姿势肌增加负荷（见第85页）。如果在家中练习时你想增加负荷，可以从使用瓶装水开始，逐渐进阶到使用桶装水！

练出钢铁翘臀，谁说一定要去健身房？

使用家中物品作为阻力

后侧链和稳定肌就像是打击犯罪团伙的团队，随时可以去健身房对罪犯们实施打击。模仿祖先们在大自然中的生存行为是很重要的，所以需要在你的训练中增加一些推拉和提举的动作，让身体体验到它进化的过程。

下面是一些我们最喜欢的"罪犯杀手"训练。

深蹲

从晨起的排便到午后的狩猎，我们的祖先在野外无论做什么几乎都是蹲着。为了破坏久坐魅娘的邪恶计划，我们需要深蹲，并且要蹲得漂亮。下面是一些帮助你开启深蹲之旅的技巧：

- 双脚分开比骨盆略宽
- 脚趾略微朝外
- 保持身体直立
- 保持目光平视前方
- 启动你的颈深屈肌让颈椎保持稳定
- 在动作全程中有意识地收紧臀部
- 增加扭矩（见第114页）

自重深蹲

上述内容并非唯一的深蹲方式，只是促进你身体和脑连接的一个起点。在大自然中，身体以各种各样的深蹲方式进行活动。因此，勇敢的关节过度活动者们，要想打破规则就得先掌握规则，大家一起动起来吧！我们希望你能够利用肌肉支撑关节，否则肌肉失激活就会使韧带遭受过度压力。

你也可以尝试这些深蹲变式：

- 双脚朝外
- 双脚朝内
- 一只脚朝外，一只脚朝内
- 一只脚在前，一只脚在后，结合上面的脚的朝向。

弹力带深蹲变式

我们非常推荐你在深蹲训练中增加阻力。以下是使用弹力带提高深蹲水平的方法。

脊柱延长运动

我们之前描述过这个训练能够锻炼腹横肌，事实上它对所有姿势肌都有好处。

- 一只脚踩在弹力带上，另一端绕过对侧肩膀，样子就像你赢得了选美比赛，披上了一条绶带。
- 双脚分开与骨盆同宽，微微屈膝。
- 增加躯干旋转动作。屈曲膝关节，同时躯干向后转，然后伸直膝关节，躯干转回正前方。完成一侧后，将弹力带换到对侧，重复另一个方向的练习。

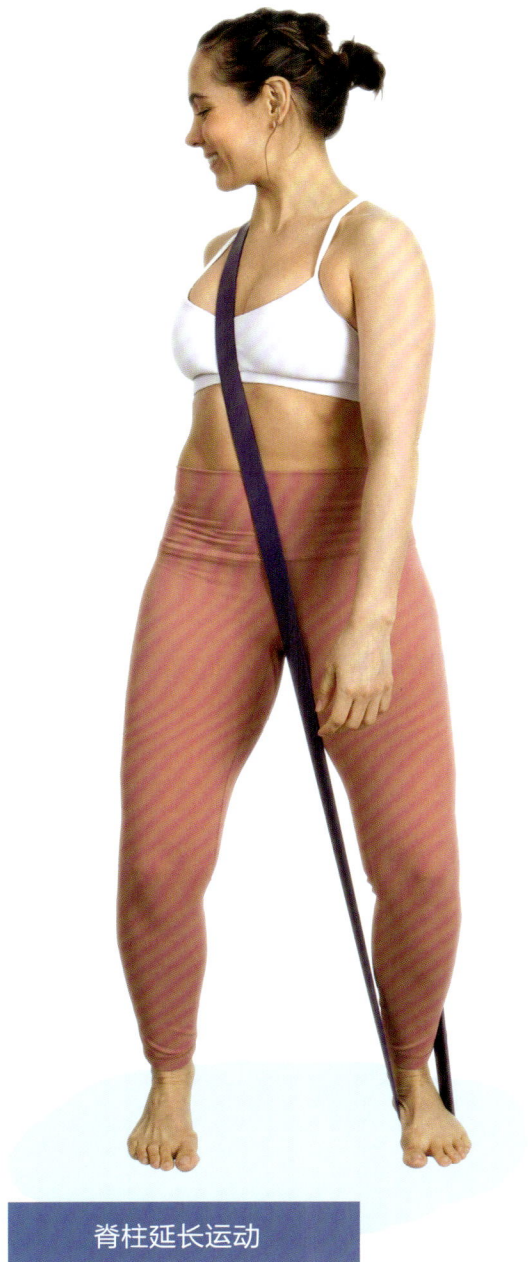

脊柱延长运动

侧拉深蹲（干扰深蹲）运动

深蹲时，将弹力带的一端连接在固定物体上，另一端套在腰上或握在手中，以此增加干扰。这也是提高箭步蹲和硬拉水平的好方法。

干扰深蹲

干扰箭步蹲

硬拉运动

硬拉也是我们祖先常常用到的动作，为了生存，他们需要从地上提起食物、水、建筑材料等重物。硬拉能够模拟这些活动，可以将其纳入你的日常生活中。下面是一些高效的硬拉技巧：

- 开始时保持脊柱中立位。
- 激活臀肌，保持臀肌收缩的同时俯身拿起物体或弹力带。
- 确保通过向后移动臀部来启动运动。这意味着你的臀部会向后翘，而脊柱仍处于中立位，这样就会让你的臀部承受负荷。尽量不要弯曲背部，让你的臀部肌群成为运动的主要驱动力。
- 臀部肌群在整个运动过程中保持收缩，即使是在俯身的过程中。
- 保持肩关节向后拉。
- 保持颈深屈肌激活。
- 增加扭矩（见第114页）。

无须始终遵循这些规则。它们只是起点，绝非终点。

抗阻硬拉，中立位

抗阻硬拉，俯身位

单腿硬拉运动

单腿硬拉并不是生活在大自然中必然使用的动作，但我们仍然很喜欢它，因为它能让臀大肌和臀中肌都充分参与运动。可以跟着以下步骤练习：

1. 单腿站立，对侧腿向后伸展，其膝关节尽可能抬高保持与胸部齐平，避免发生代偿（代偿动作是身体向后倾或支撑腿弯曲）。保持骨盆水平，使臀中肌发力。

2. 抬起的腿落下并带动臀部向后翘起（骨盆前倾），支撑腿的髋关节进行铰链运动，保持脊柱中立位，将抬起的腿继续向后伸展，直至与地面平行。

3. 动作全程充分收紧臀大肌（臀部的圆形部分）。

4. 增加扭矩（见第114页）。

一旦你身体变得足够强壮，即使负重也能够稳定完成动作后，我们鼓励你再发挥一些创造性，打破所有的规则，但谨记不要让韧带承重。

如果你平时的习惯是整天在办公室坐着，沉迷于刷剧，那么这些训练可能会让你的肌肉酸痛。久坐会让臀大肌失活，并且使它终日处于拉长状态。所以，臀大肌实际上已经命悬一线。角斗场的往日辉煌、人们为它喝彩的日子已经一去不复返。让你的臀大肌恢复工作需要耐心和时间，只要它东山再起，就能确保松弛的关节得到良好支撑！所以，请不要跳过练腿日。

抗阻单腿硬拉

单腿硬拉错误示范

我的屁股比平地还平

步行

步行，也称为步态周期，是身体利用动量和连续的激活作用来创造运动的复杂过程。让我们把镜头聚焦于臀大肌的作用上，它可以使髋关节伸展，这是步行的一个重要动作，我们用这个动作推动自己前进。然而一些人的臀大肌过于无力，造成髋关节无法充分伸展，进而导致脊柱的代偿。虽然这种适应，能让你从A点移动到B点，但这并不是最理想的运动方式。髋关节是一个巨大的关节，臀大肌也是体现相当大的肌肉。我们每天需要走10000～15000步，所以依赖这些较大的身体部位是有道理的。

如果上面提到的代偿策略只持续较短时间，一般不会造成太大问题，而且可以找到其他方法补救。但如果代偿性适应持续几个月或几年，那么这种过度的、不自然的代偿就可能会对脊柱造成不必要的压力，破坏腰椎的保持稳定性。

当然，并不是每个人使用这种代偿策略都会出现问题。但如果问题恰巧在你身上出现了，我们有一个简单的解决方案：让臀部肌群加入，在步行时将负荷从下背部转移。

> 下背痛并不总是与身体的结构问题有关。有时候情绪的压力，甚至工作满意度，都会对其产生影响，所以一定要照顾好身体。但如果你所做的并不能减轻疼痛，那就再进行更深入的探究。

足部与臀大肌

接着说步态的话题，让我们来看看你的脚——更准确地说，看看你的鞋子，是如何导致并且加剧臀大肌无力的。

鞋子能够很好地保护双脚。但有些鞋类设计者可能过于重视这一点，让鞋子反而限制了脚的运动，特别是脚趾。坚硬的鞋底，会导致步行的每一步脚掌都无法折叠（或者更具体地说，每次向前蹬地的时候前脚掌都无法折叠）。

如果想让臀大肌充分参与，带动髋关节伸展最终完成步行，那前提是脚趾必须能施展足够的活动性，这样才能保证下肢向身体后方的伸展。如果脚趾被限制无法自然活动，会造成膝关节过早弯曲，而这会使下肢在步态周期中的蹬离阶段伸展不足，臀大肌无法充分发力。

对比下面图片中足部的形态。当脚保持刚性形态时，蹬离阶段会受到限制，髋关节也因此伸展不足。如果你的脚趾失去了充分伸展能力，臀大肌会认为你不再需要它，所以它就会跑去沙发上躺着看剧了。

如果你偶尔穿穿好看但坚硬的鞋子，那没关系！但要记住，你的脚在你很小的时候就被挤进了僵硬的鞋子里，这意味着你需要做一些事情来改变步态模式，让臀大肌能够完成它的工作。

鞋子虽小，但影响甚大。所以每一次改变都要谨慎！倘若你突然把软底或硬底鞋换成赤足鞋，也会引发不必要的麻烦，你需要时间来适应这些差异。所以我们建议你在 3 ~ 6 个月的时间内渐进式过渡（熟悉吗？又是渐进式）。同时强化足部的肌筋膜系统，让你的脚不依赖鞋子也能够自我支撑；参见第八章中的练习。

步行时臀大肌激活不足

步行时臀大肌激活良好

腘绳肌

腘绳肌是臀肌团队的助手，经常跟随它们一起拯救世界。但作为当代人类，你的臀部可能一天中大部分时间里都摊在座椅上，这便会对腘绳肌产生不利影响，使它变得紧绷（听到久坐魅娘邪恶的笑声了吗，她看见世人沉溺于舒适的座椅）。腘绳肌的紧绷是很多人练习瑜伽的一个原因："我的腘绳肌这么紧绷，我要学瑜伽把它松下来！"另一方面，像我们这样的关节过度活动者会想，"我是黑带级的折叠大师，我有这个能力当然应该学习瑜伽。"

通常，第一次接触瑜伽时，关节过度活动者会发现，现实与自己长期以来的看法完全相反。他们原以为自己在任何运动项目中都毫无天赋，但在瑜伽课上，老师却会称赞他们做了一个"漂亮的练习"。

"我？漂亮的练习？"关节过度活动的瑜伽新手们听到这里陷入沉思，"我的动作真的很棒吗？记得在学校里，无论做什么我都是最后一名。"但老师那种肯定的表情、会心的点头和扬起的眉梢，都满足了他们内心深处对被爱和被接受的渴望，他们也可以毫不费力就成为"头触膝"的优秀练习者。

当然，如果将足够的生物力学知识传授给关节过度活动者，这种赞扬就不会内藏隐患——这些知识能够保护他们的身体安全，避免被动过度牵拉关节。但遗憾的是，相关的教育还不够普及。

瑜伽需要重复练习动作，瑜伽练习者们最常做的动作是体前屈。过度练习体前屈通常会导致一种被称为"瑜伽臀"的综合征。如果一个练习者做了过量的体前屈，却很少进行力量训练，就会出现这个问题，导致肌肉末端附着处（肌腱）受伤。

被动体前屈

如果姿势正确，体前屈实际上是非常安全的。关节过度活动的小伙伴们需要通过激活肌筋膜系统来保护韧带和肌腱。也就意味着，在体前屈位需要激活臀肌和腘绳肌。在动作的末端，要使用肌肉的主动力量完成离心控制，避免落入不受控的范围。

主动体前屈

最终，腘绳肌必须逐渐发展到可以负重。我们长久以来都忽视了负重训练，反而把时间都花在了拉伸上，导致腘绳肌又长又细（且容易酸痛）。但现在，我们终于见到了曙光，因为加入了硬拉训练——这是任何关节过度活动者都能执行的重要锻炼！硬拉动作模仿搬起重物，所以也能通过负重激活后侧链，这可以帮助扭转过度体前屈造成的不利影响。硬拉可以强化腘绳肌，因此能够帮助预防和治疗"瑜伽臀"。通过保持脊柱中立位进行硬拉，使臀肌和腘绳肌在渐进超负荷下得到强化，这样它们就能帮助你更长时间地支撑身体。

抗阻硬拉

第七章　近端稳定性

如果时时刻刻对身体保持有意识地控制，任何人都会感到精神疲惫，而且也不可能持续下去。但好消息是，当近端稳定肌群（靠近脊柱的较大的稳定肌群）能反射性地进行工作时，就不必再刻意保持有意识地控制身体。接下来的内容，我们将探讨所有关节过度活动者都应该了解并关注的稳定肌——前锯肌与臀中肌。

肩带

你知道你可以将防晒霜涂抹在身体上看起来最难以触及的部位吗？这种特殊的超能力得益于肩关节超常的活动范围。但需要牢记的一句话是，"能力越大，责任越大"（《蜘蛛侠》经典台词）。

与对待其他关节一样，我们同样需要注意避免在肩关节活动范围末端进行过度拉伸，以避免损伤韧带。而且在肩部这种影响会被放大，因为肩关节的盂窝相对较小，它能为肱骨头提供的结构性支撑少。

这种结构对于涂抹防晒霜是有利的，因为支撑不足使肩关节活动范围较大。但这同时也是缺点，导致了肩关节的不稳定，必须依赖强壮、平衡的肌肉来支撑大范围的活动。

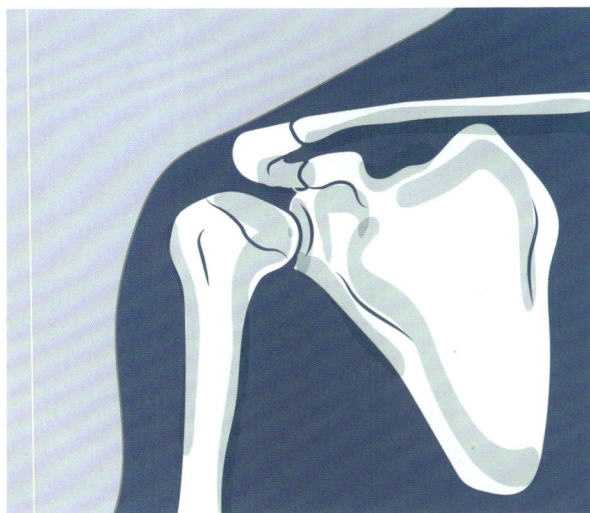

前锯肌——身体两侧的翅膀

在保护肩部的肌群中，前锯肌是最重要、也最容易被忽视的超级英雄之一。无论一个人是否存在关节过度活动，肩关节都是身体中最灵活、最复杂的关节。但作为关节过度活动者，意味着我们必须花费额外的时间和精力来增强肌肉力量，并特别注意磨炼前锯肌的技能。

前锯肌，这位说话轻声细语但不容小觑的超级英雄，就像隐藏在手臂阴影下的翅膀。它从身体前侧肋骨一直延伸到腋下，包裹肋骨侧面，附着在肩胛骨的下方。之所以能成为超级英雄，是因为它能让肩胛骨平滑地贴在肋骨上。在手臂活动时，它能将肩胛骨拉到最佳位置，使整个关节的稳定性和活动性得到提升。

挑战在于，前锯肌非常顽固且难以激活。所以必须从多个维度对它进行锻炼。你不仅需要设计针对性的练习来强化它，还需要重新训练神经系统。只有如此，才能在你尽情跳舞、手提重物、稳端茶杯时，保持前锯肌的激活，从而确保肩关节的稳定。换句话说，无论你做什么，前锯肌都应该反射性地参与工作，使你的肩胛骨保持在生物力学上的最佳位置。

那么，如何知道自己的前锯肌是否在工作？首先要做的事是观察自己的背部。你可以用镜子或相机拍摄自己的背部来完成这项工作。露出背部观察肩胛骨，如果肩胛骨远离胸廓（肩胛骨从体表突起），就需要注意你的前锯肌了。除了静态观察，还可以检查肩胛骨运动时的情况，在训练时拍摄肩胛骨或者找一个懂解剖学的朋友检查肩胛骨的运动情况。如果发现运动中肩胛骨也倾向于从胸廓上突起，同样说明前锯肌需要针对性的强化练习。

肩胛骨失稳

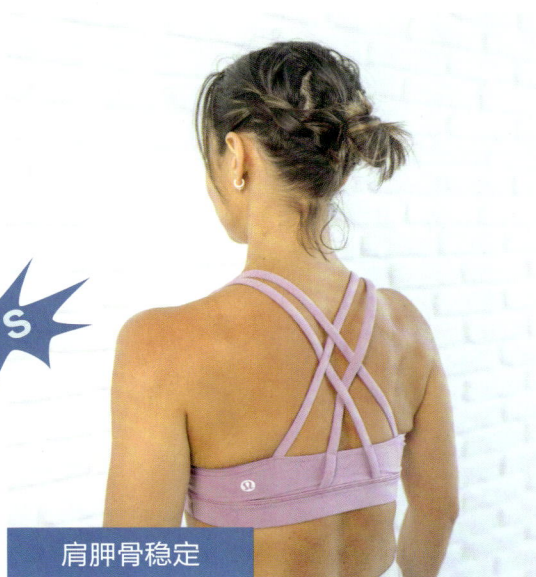

肩胛骨稳定

首先，我们要让前锯肌学会控制一种叫作肩肱节律的运动模式。这个看似复杂的术语其实很容易理解，意思就是肩胛骨应该跟着手臂协同运动。例如，当你抬起手从高处取茶杯时，肩胛骨应该向上滑动。当你把茶杯放下时，肩胛骨也应该跟着向下滑动。前锯肌控制着肩胛骨的运动轨迹。以下是一些可以用来强化前锯肌的练习。

前锯肌拯救了我的肩关节

肩肱节律

在练习瑜伽或普拉提时，老师是否曾经建议你在举起手臂时将肩胛骨往下拉？这是来自舞蹈界的、基于美学原因的传统提示。但是它并不符合生物力学逻辑，也没有考虑肩关节的最大利益。我们需要让肩胛骨跟着手臂一起运动！将肩胛骨下拉固定并非好事！

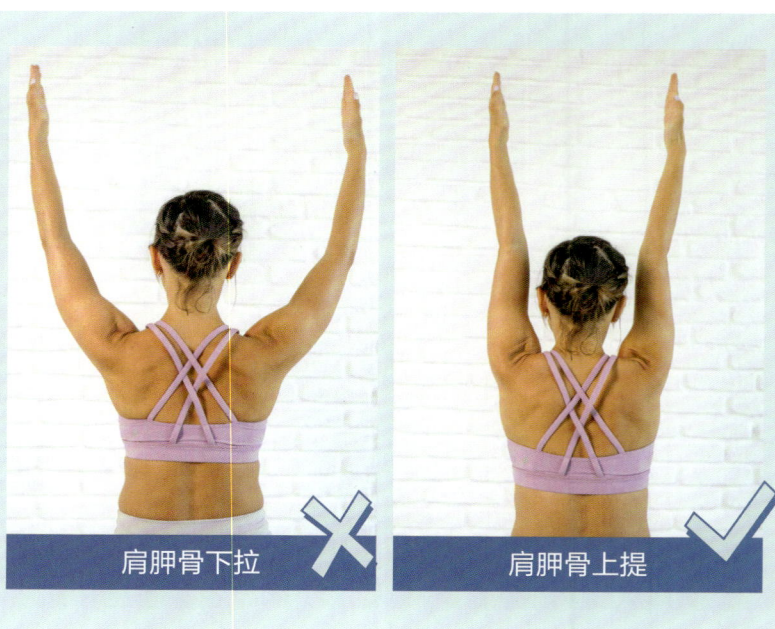

肩胛骨下拉

肩胛骨上提

贴墙滑动运动

这是让前锯肌学习控制肩胛骨的动作。面朝墙壁，小臂举起贴在墙上。让小臂贴着墙向上滑动，最终形成V字形，全程保持脊柱中立位。避免肋骨向前撑起和头颈塌陷。努力保持躯干稳定，脊柱不发生变形。拍下此动作的完成过程，然后回顾，看看肩胛骨是否在手臂上下滑动时保持伴随性的运动。理想情况下，肩胛骨不会失控，也不会从背部突起。

肋骨撑起－前锯肌未激活 ✗

肋骨撑起－前锯肌未激活 ✗

躯干稳定－前锯肌激活 ✓

前锯肌是一块体积较大的肌肉，由上、中、下部纤维组成。下面将展示如何让这三个部分变得更强壮。

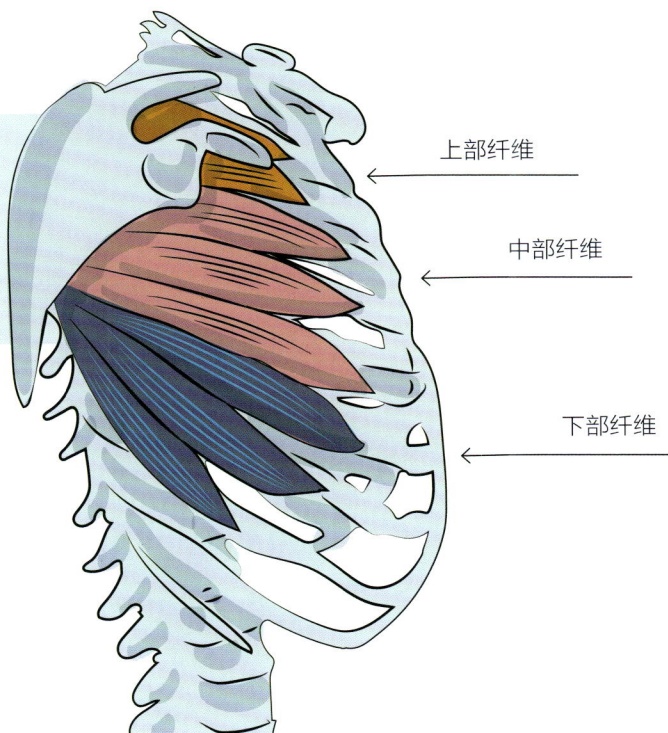

← 上部纤维

← 中部纤维

← 下部纤维

前锯肌下部纤维

如图所示，将两块瑜伽砖放在手的下方，进行肩胛骨的上提和下沉运动。向下推，让肩胛骨贴住背部往下滑动（下沉）。然后反向运动，让肩胛骨慢慢地、有控制地向耳朵方向移动，回到原位。动作全程保持肩胛骨平贴在背部。

肩胛骨失稳

肩胛骨稳定

前锯肌中部纤维

如图所示，在平板支撑的姿势下，先后缩肩胛骨，使两侧肩胛骨彼此靠近，再前伸肩胛骨，使两侧肩胛骨彼此远离，以此来锻炼中部纤维。注意不要发生动作代偿，如头前移、腰部塌陷等。让全身都保持稳定，将动作孤立在肩胛骨的滑动上。

肩胛骨翘起

肩胛骨贴合

前锯肌上部纤维

如图所示，我们再次回到肩胛骨的上提与下沉。把前臂贴在地面上，双手十指交叉。身体移动到肘支撑倒立姿势，臀部朝上但仍保持脚趾触地。接着，下压前臂，让头抬离地面。收住前侧肋骨，让上背部维持平坦弧面。然后有控制地让身体下降，直到头部再次轻轻触地。

凸轮轴运动

尽管我们想让你知道前锯肌曾占尽多少荣耀，但突出个人英雄主义是不对的，在身体中没有一块肌肉会单独工作。事实上，在进行上述练习时，其他肌肉也会参与其中。这就是为什么我们特别喜欢以凸轮轴（以火车车轮的机械结构命名，如图）来打比方。下面将介绍一种绝妙的运动形式，它有助于激活控制肩胛骨运动的所有肌肉。

站立位，双臂抬起与地面平行，然后向外张开45°。让肩胛骨进行圆周运动，保持手臂伸直，就像火车车轮上的凸轮轴一样。向前（身体前侧方向）和向后（身体后侧方向）进行肩胛骨圆周运动。

可以在训练中加入弹力带，必增加难度和趣味。把弹力带绕在背上，固定在身体一侧的某个物体上。另一只手握住弹力带向前伸出执行凸轮轴运动，双肩交替进行。

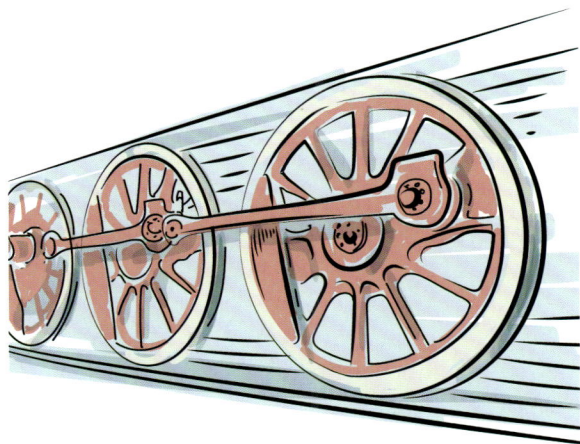

拎重物运动

当关节过度活动者在提重物时，他们经常让物体的重量分散在肩关节上，并过度牵拉韧带。

在这种情况下，需要训练肩部的稳定性。在脚下绕一根弹力带，双手握住弹力带的两端。让弹力带在和你的较量中"获胜"——肩关节被弹力带拉向地面。然后启动前锯肌（上提肩胛骨）来抵抗弹力带的阻力。注意这里的上提不是将肩胛骨拉向耳朵，而是拉回平时的高度（中立位）。

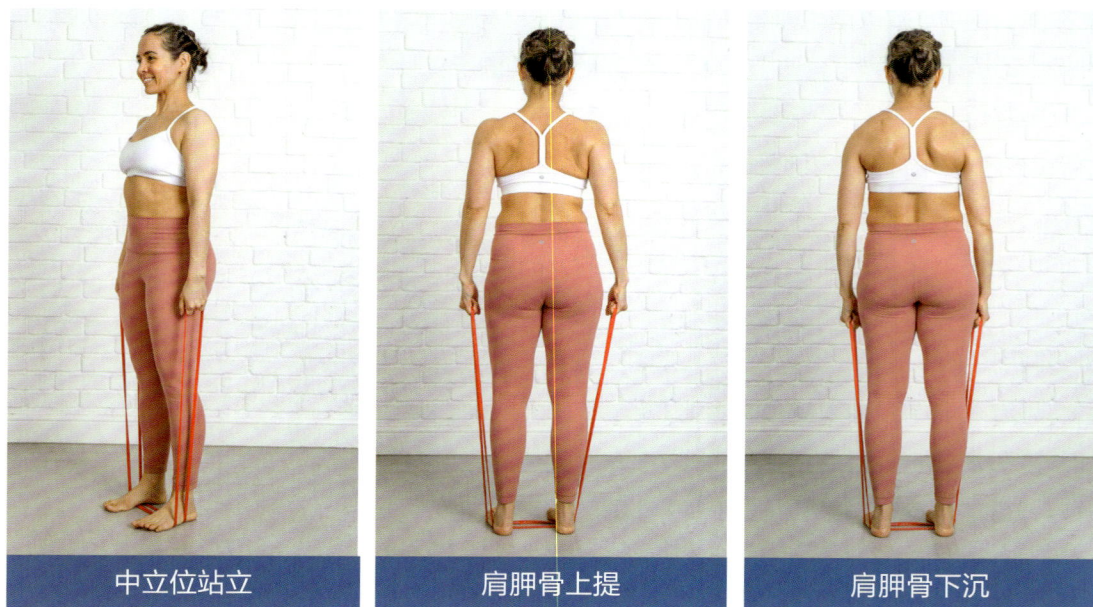

| 中立位站立 | 肩胛骨上提 | 肩胛骨下沉 |

肩部环绕运动

详细介绍完如何让肩胛骨保持稳定，现在我们把注意力拉回到球窝关节上（也就是肩关节）。记住，这是个不稳定的关节，需要获得完美的神经映射。

站立位，抬起一侧手臂至与地面平行，向外打开45°。现在以肱骨头为圆心开始手臂环绕，如下图所示。想象手臂伸进了一个圆环里，上臂绕着这个圆环的内侧缘运动。

如果想要增加阻力，可以在背部绕一根弹力带，一只手握住弹力带一端，另一只手握住另一端的同时手臂前伸进行肩部环绕。

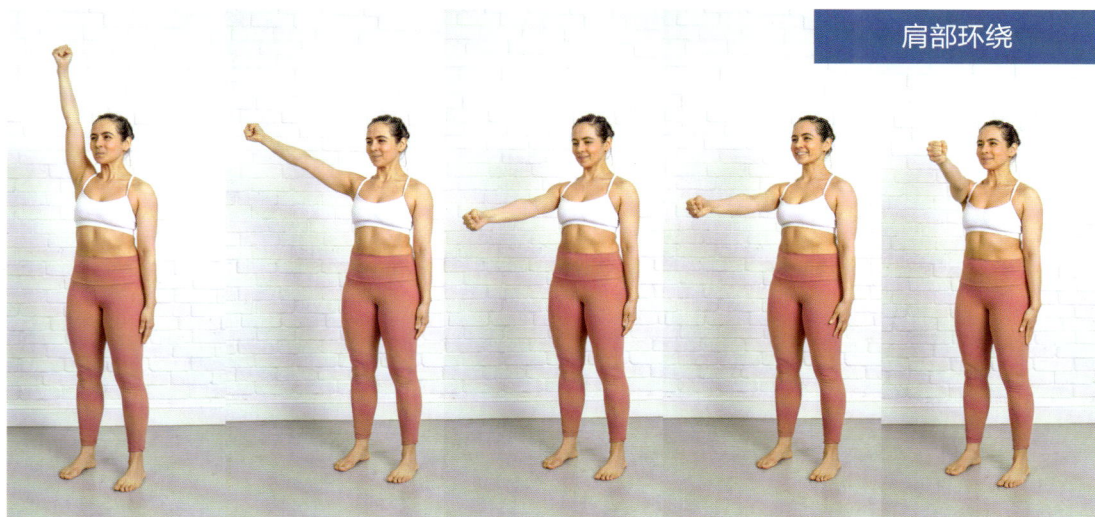

肩部环绕

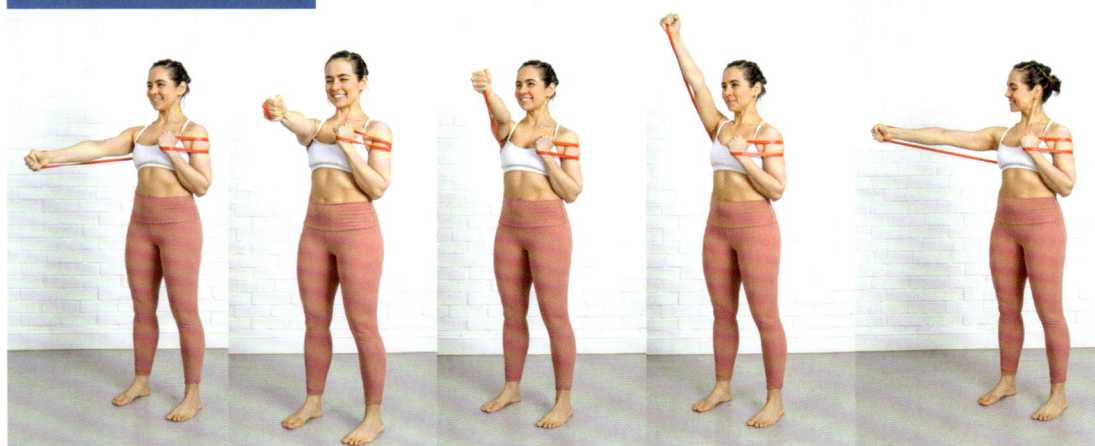

抗阻肩部环绕

肩部 8 字环绕运动

这个练习与肩部环绕动作类似。使手臂以肩关节球窝为中心进行运动，画出一个8字。

如果想要加大难度，可以像肩部环绕一样增加一条阻力带。将弹力带绕在背部上，一只手握住弹力带一端，另一只手握住另一端的同时手臂前伸画出8字。

肩部 8 字环绕

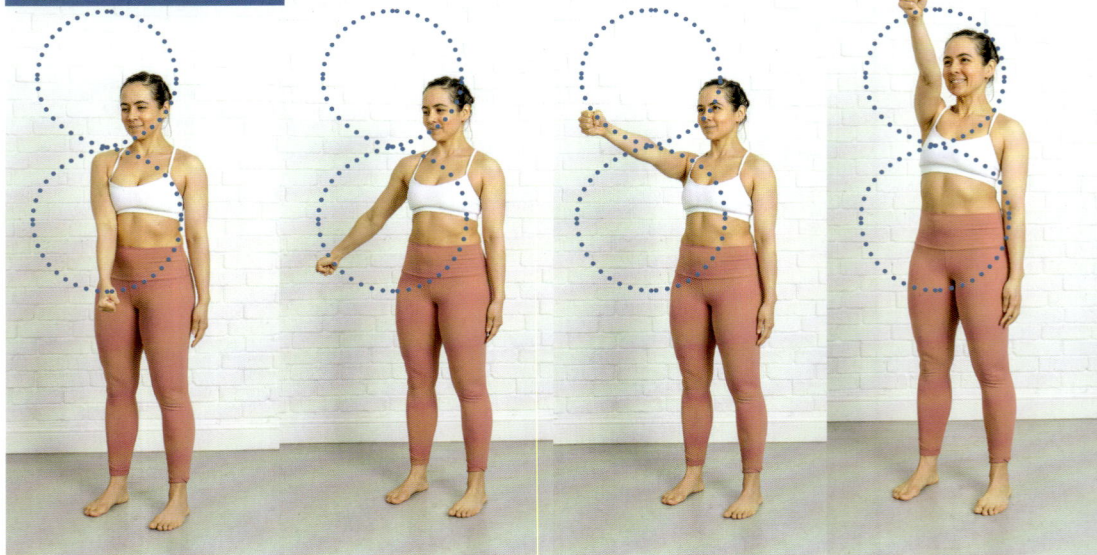

抗阻肩部 8 字环绕

反射性肩部稳定

虽然针对性的练习效果不错，但真正能拯救肩关节的超级练习是反射性激活，因为它能在不受主观意识控制的情况下发生。这就是为什么我们喜欢做刺激脑干的运动的原因。

在前文我们解释了身体单侧运动时（如拿起一杯咖啡）需要反射性稳定身体的对侧的原因。这些稳定性命令来自脑干，目的是防止你跌倒。你可以在训练中利用这个特性。

如下图所示，双手和双膝撑地，用一侧手臂进行独特的动作模式（如肩部环绕或水平划船）来稳定对侧身体。你可以增加负重或使用阻力带，使运动侧承受更多的负荷，从而增加对侧所需的反射性稳定。

反射性肩部稳定

骨盆稳定性

我们对稳定性探员臀中肌满怀景仰，甚至考虑在家中为她摆放神龛。正常情况下，臀中肌会在你的骨盆上完成大量令人称赞的稳定性工作。但正如你所料，由于现代人的动作模式缺乏多样性，使臀中肌变得不健康，结果往往导致各种奇怪的代偿性适应，以不平衡的方式对关节施加负荷。现在让我们来看看当臀中肌"宿醉"时身体出现的一些异常的动作模式。

步行与单腿平衡

臀中肌主要的超能力之一是稳定骨盆。把骨盆想象成一个呼啦圈，臀中肌就负责保持呼啦圈的水平，尤其是当走路、单腿站立、一侧承受负荷多于另一侧，甚至是提重物时。

这里有一个可能有些奇怪但与臀中肌相关的场景：易拉占领了一块土地，现在要为这块来之不易的领土做上标记以示主权。它会对准垂直的物体，如树或电线杆，优雅地抬起腿，在上面留下它的尿液。它这种一条后腿站立、另一条后腿抬起并且能保持骨盆处于特定位置（这个位置不会让它尿到自己身上）的能力来自臀中肌。如果臀中肌无力，它的骨盆将会塌陷，导致尿在自己身上。

负重时戳戳臀中肌

当你抬起侧下肢准备行走时，臀中肌会启动并稳定骨盆。并且在你迈出下一步时，另一侧臀中肌也会做同样的事。但对很多人而言，臀中肌并没有发挥出她该有的能力，容易造成骨盆塌陷。这种骨盆塌陷动作被称为特伦德伦堡动作（Trendelenburg，这是一个专用的医学术语，意思是头低脚高位）。

战士三式，出现特伦德伦堡动作

战士三式，无特伦德伦堡动作

单腿下犬式，出现特伦德伦堡动作

单腿下犬式，无特伦德伦堡动作

这种骨盆塌陷的动作容易带来风险，特别是对于关节过度活动者而言。因为当骨盆塌陷时，股骨会改变其运动轨迹，并经常塌陷成一个奇怪的角度，往往被称为膝外翻。再加上关节过度活动者的膝关节没有足够的本体感觉（感觉信号）来告诉我们发生了膝外翻。所以我们就会继续带着这个问题做运动，直到物理治疗师发现并指出膝外翻可能是导致我们不适的元凶。

膝外翻

我好像把臀中肌忘在家里了

站起来，脱掉裤子（如果方便的话）走到镜子前，好好观察一下你可爱的双腿。具体来说，是仔细观察膝关节的形态和朝向。假设你的膝关节可以发出一束激光，它会指向哪里？如果膝关节向内旋转（激光指向内侧），那么你的臀中肌很可能已经失活了。

看到这里你应该明白了，臀中肌除了能维持骨盆的稳定，还同时维持膝关节的稳定。它通过使股骨保持在合理位置上，来限制膝关节发生外翻塌陷。

此外，如果臀中肌能控制股骨，她还能让你的膝关节不易陷入过度伸展状态（膝关节过伸）。像大多数关节位置一样，只要不依赖韧带完成活动，过度伸展就没什么可怕的。

反射性稳定现在很流行

强化臀中肌的训练

既然我们已经了解了臀中肌失活时身体出现的异常动作模式，下面就让我们看看如何强化臀中肌。

蚌式开合运动

蚌式开合是很好的臀中肌起始训练。侧卧弯曲膝关节，保持双脚并拢，像贝壳一样打开和合拢腿部。为了从该训练中获得最大的收益，完成动作时要保证双脚的脚跟相连，并且保持骨盆稳定不发生旋转或倾斜，同时保持脊柱处于中立位。训练中可以将手放在臀中肌上，来感受肌肉的激活。

你可能会惊讶于这么简单的训练却很快能让肌肉燃烧，也可能惊讶于你的进步如此之快。此时你就可以拿出弹力圈为自己增加阻力。

蚌式开合——"开"

蚌式开合——"关"

进阶蚌式开合运动

像蚌式开合一样侧卧。不过这次要将前臂放在肩膀下方撑住身体。打开腿部的同时，手臂向下推并把髋部抬起。动作过程中确保脊柱处于中立位。当你能轻松并正确地完成动作时，就可增加阻力。

螃蟹步运动

用弹力圈套住双腿，左右来回侧步行走。练习时需要将膝关节向外撑开，朝向始终指向脚尖。同时确保迈出的那条腿的足外侧和大脚趾（整个足底）同时触地，确保良好的足弓支撑。

进阶蚌式开合

螃蟹步

僵尸步运动

　　这个训练的原则和螃蟹步相同。用弹力圈套住双腿，膝关节向外撑开抵抗阻力，向前外侧（对角线）方向跨出一大步。用这种方式向前移动几步，再向后移动相同的步数，保持每一步都在对角线上。再次强调，要确保你迈出的那条腿的整个脚底同时触地，要有良好的足弓支撑。

弹力圈僵尸步

双侧和单侧动作

　　如前所述，步行和单腿平衡被称为单侧运动，这类运动需要先做一侧再做另一侧。而双侧运动则需要两侧同时运动，如深蹲。

　　当你单腿保持平衡时，臀中肌确实会更活跃，但这意味着当你完成双侧运动时，臀中肌就不工作了。单腿站立时，臀中肌的参与可以保持骨盆水平；而双脚站立时，臀中肌的参与可以保证股骨指向正确的方向。

臀中肌没有激活，髋部向对侧倾斜的箭步蹲

支撑良好的箭步蹲

特伦德伦堡动作

纠正特伦德伦堡动作需要大量的骨盆平衡运动。首先，一只脚站在台阶或瑜伽砖上，另一只脚悬空，同时让双脚保持水平。支撑腿的臀中肌参与使骨盆保持水平。接下来，我们要让臀中肌在整个范围内发挥作用。在不弯曲膝关节的情况下，让悬空腿的骨盆下降和上提。

注意支撑腿的膝关节，确保它不会内扣出现膝外翻，还应注意足弓不要发生塌陷。让该动作能够独立进行。

一旦你掌握了这个动作，就可以改变悬空腿的运动轨迹来增加难度。一只脚踩在地面上，另一侧悬空腿的膝关节屈曲，往胸部方向向上提起，然后进行特伦德伦堡动作，使骨盆下降。或者悬空腿向后伸展，然后向上提起髋部。如果你能轻松完成这些动作，可以在脚踝上增加负重。

瑜伽砖上完成特伦德伦堡动作，支撑腿一侧骨盆下降

提膝同时完成特伦德伦堡动作，支撑腿一侧骨盆下降

强化骨盆稳定性的训练

接下来，我们从臀中肌的工作中，看看如何改善整个骨盆的映射。

骨盆的前倾/后倾运动

站立位，双脚站距与骨盆同宽，膝关节略微弯曲。将骨盆向前收起完成后倾，再把尾骨向后伸出完成前倾。这是一个非常小的动作，不要让下背部同时产生运动。试着将动作孤立到骶髂关节区域，也就是骨盆和骶骨连接的地方。

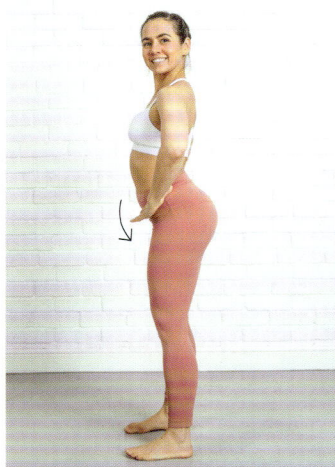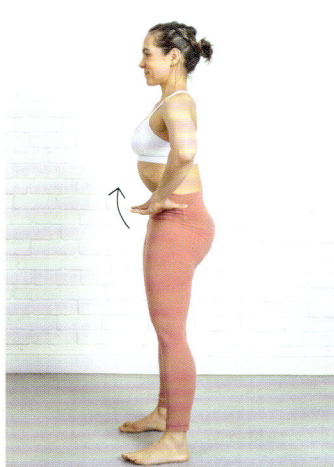

骨盆前倾

骨盆后倾

骨盆侧倾运动

完成骨盆的前后倾运动后，接下来进行骨盆侧倾运动。

双脚并拢站立，弯曲一侧膝关节，让同侧的骨盆下降。伸直的腿支撑较高一侧骨盆。像跳莎莎舞一样，左右交替弯曲膝关节，让骨盆左右倾斜。

骨盆侧倾

骨盆环绕运动

还有其他骨盆倾斜的训练方法吗？来，试试下面的方法！假设骨盆处在一个水平的正方形当中，尝试移动骨盆让其碰到正方形的四个角。先向前收起骨盆完成后倾，并将其移至一侧，然后向后伸出尾骨完成前倾，并将其移至另一侧。直至完成正方形轨迹。

充分掌握了这几个步骤后，就可以将动作连起来做，完成一次平滑的骨盆环绕。你可以在进行骨盆环绕的同时，进行各种模式的迈步，进阶难度挑战你的脑。

同样，你也可以增加阻力。一只脚踩住弹力带的一端，然后将带子斜拉到腿后，朝上越过骨盆的另一侧，握住另一侧。双脚平行站立进行骨盆环绕，也可以变换脚的位置（不要害怕尝试，变化越多越好）。你也可以用后侧脚踩住弹力带，将带子穿过双腿前部拉到对侧骨盆位置，如下一页所示。

骨盆环绕：弹力带在身体后侧

髋部环绕运动

完成了上述训练，让我们再找找髋关节地图中还有哪些地方是模糊的。单腿站立，抬起另一侧腿到身前，做髋关节处的内旋和外旋。哪个方向感觉不太顺畅？

请记住，模糊地图可能会对脑造成威胁，所以需要通过全方位的训练让地图变得清晰。出于这一点，无论哪种髋部姿势感觉别扭，都是你应该用来进行训练的下一个髋部姿势。我们将它称之为康复姿势。

对于西莱斯特而言，髋关节内旋的感觉就像是没带手机的一个人坐在酒吧里，让她浑身上下都不自在。所以她把内旋作为"康复姿势"的训练。你也需要花点时间找到你的康复姿势。

单腿站立，另一侧腿抬高至身前，以康复姿势进行髋关节旋转。先顺时针环绕3圈，再逆时针环绕3圈。接着，将腿向侧边打开，进行相同的练习，腿移到身后时训练结束。训练中始终保持身体直立和膝关节抬高。

这个训练有助于改善髋部动作在脑中的映射，同时这种动作设计还会向身体对侧发送反射性稳定信号，使臀中肌恢复超级英雄的满血状态。

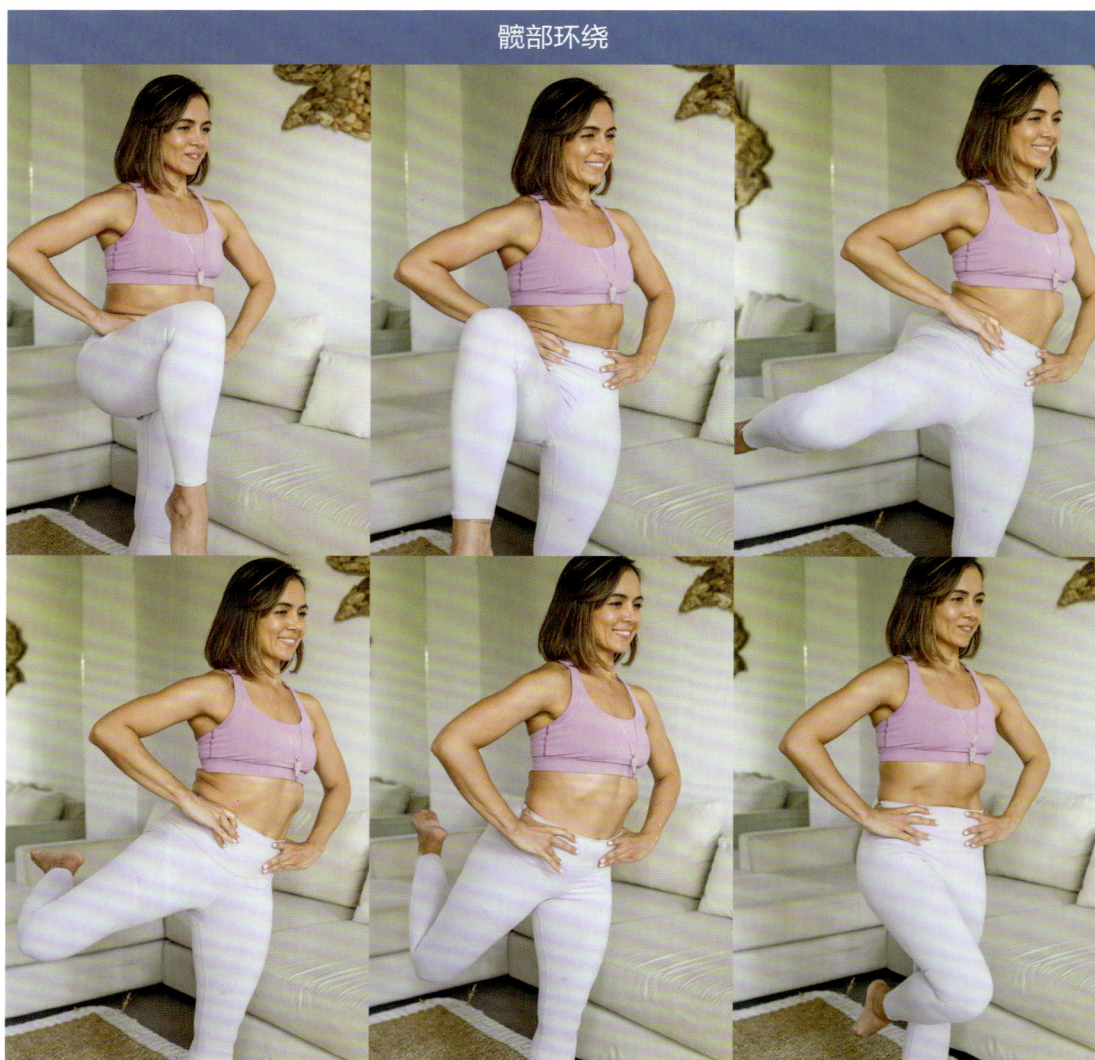

髋部环绕

第八章　弹性四肢

　　我们将上肢和下肢放在同一章节讨论。虽然它们是不同的肢体，有着明显的功能差异，但仍有许多相似之处。

　　肱骨和股骨相对应，肱骨可以说成是小号的股骨。肘关节和膝关节相对应，它们只存在一些微小差异。前臂由桡骨和尺骨组成，小腿由胫骨和腓骨组成，也两两对应。前臂与腕关节相连，小腿和踝关节相连，腕部的腕骨和踝部的跗骨都是不规则骨。再往下，手部的掌骨与足部的跖骨相对应，二者都以指（趾）骨结束。

下肢　　　　上肢

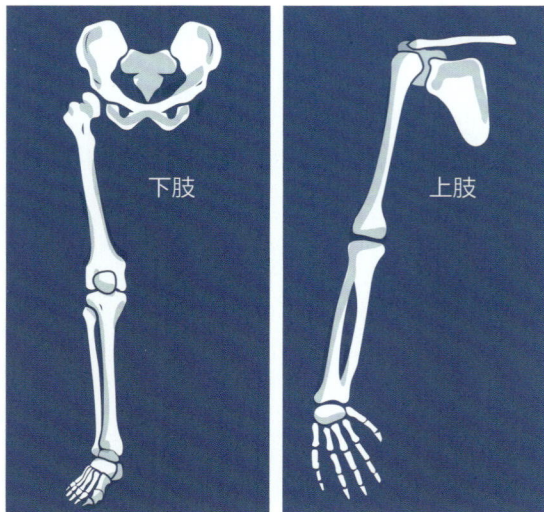

手和脚的映射占据了脑皮层中的大量区域。因此改善它们的运动及感觉映射，实际上可以帮助改善身体的整体功能。造成这种现象的原因可能是相连的神经元会一起放电。如果我们能在健身、跳舞或练瑜伽之前的热身中就点亮脑的大部分区域，那运动表现就会更好。

肘、膝和神奇的扭矩

回顾人体地图，你会发现普通人的肘关节和膝关节属于稳定关节。但现实中有许多关节过度活动者，常常高兴地当众展示这两个关节的极端活动度，以证明稳定性不是正常关节的标准。

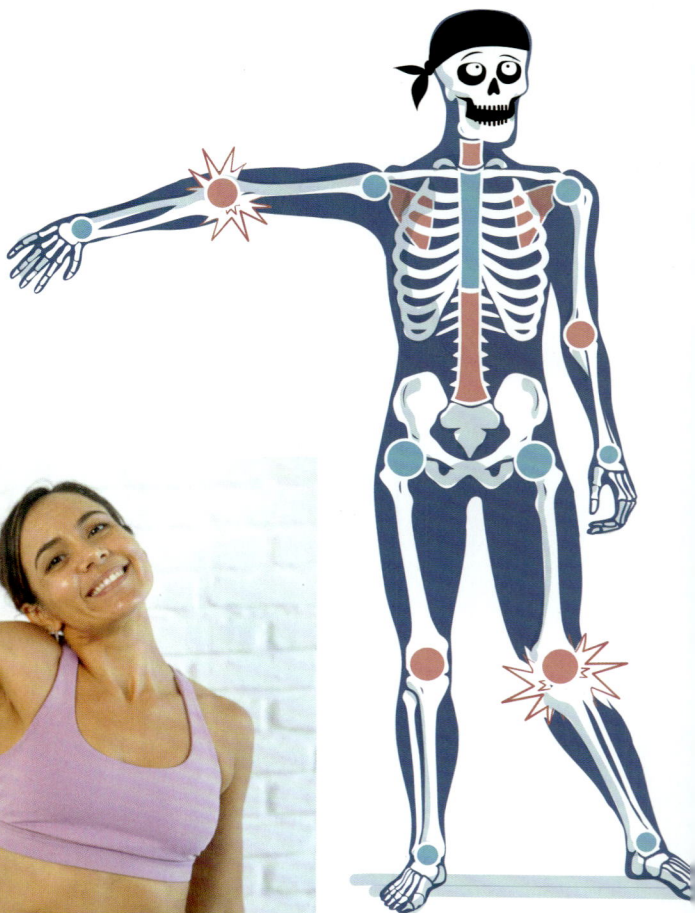

对此我们能做些什么？其中很重要的一个解决策略是确保近端稳定肌群足够强壮。接下来要分析的是另外一种策略——使用扭矩。

在第三章有关脑的部分，我们讨论过使用高张力动作进行练习可以改善映射。而使用扭矩则是将这一概念提升到新水平的一种方式。

扭矩定义为绕轴产生的使物体发生转动的力。当肢体的肌肉同时受到多种力共同作用时，扭矩帮助激活肌肉组织。例如，身体直立，保持双脚不动，然后向外旋转大腿，就会产生扭矩。现在来试试吧，只要你在深蹲过程中保持这种张力，就成功产生了扭矩！但要注意的是，扭矩不能过度作用到韧带上。扭矩产生张力是为了提高稳定性。

凯利·斯塔雷特（Kelly Starrett）是一名 CrossFit（混合交叉健身）教练兼物理治疗师。他运用了扭矩帮助增加关节周围产生的力量，使 CrossFit 运动员能够安全地举起更大的重量。我们普通人的举重能力可能不如 CrossFit 运动员，但无论你是在做瑜伽、抗阻训练，还是日常运动，如把打瞌睡的3岁宝宝抱到床上，你都可以使用扭矩。

| 被动简易花环式 | 主动简易花环式 |

如何使用扭矩

肱骨或股骨根据所做的动作向内（朝向身体）或向外（远离身体）旋转，而手或脚在相反方向上固定肢体，就能产生扭矩。对于大多数关节过度活动者而言，放慢动作速度可能帮助更大。重点在于外旋肱骨或者股骨时，用示指或大脚趾固定手臂或脚。

扭转它吧！

深蹲时向外旋转股骨的同时保持大脚趾触地。

请不要时刻都想着使用扭矩，这样做只会产生不必要的张力。扭矩只是一种在需要时才被使用的工具，例如，你要举起非常重的东西，或正在努力改善神经地图时。

肘关节稳定性

毫无疑问，避免肘关节过伸是关节过度活动者们经常要面临的挑战，特别是当手部承受重量时。

在这种情况下，虽然考虑肘关节的功能很重要，但不要忽视健康的肩部力学带来的积极影响，前锯肌就是我们要求助的英雄。当双手承重时，前锯肌提供的近端稳定性可以防止肘关节塌陷，避免负荷作用到韧带上。

如同我们反复强调的那样，避免过度伸展肘关节和膝关节，因为被动的过度伸展非常危险，会使韧带承受负荷，损害其提供稳定性的能力。但是，如果是肌肉"主动活动"而引发的过度伸展，则相对安全，因为这可以为额外的关节活动范围提供脑部映射。

当你的手臂承重时，如做平板支撑，请保持示指抓地的同时向外旋转上臂。

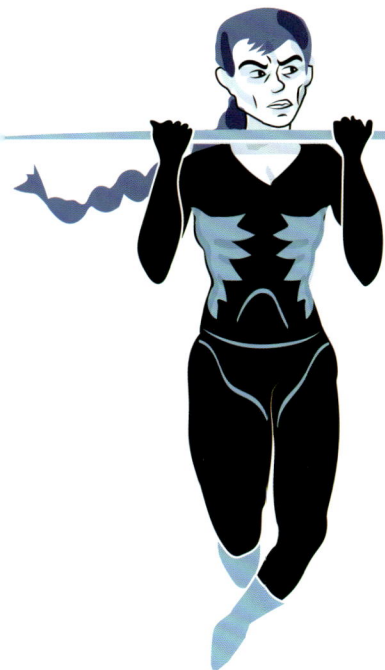

可以通过混合不同的训练方式来刺激新的肌肉。假设你喜爱的运动只有瑜伽，那么请记住瑜伽是一项主要使用肱三头肌的以推为主的运动。如果你的牵拉肌（也就是肱二头肌）没有太多机会参与运动（即很少参加游泳、划船、攀爬或抗阻训练），牵拉肌便得不到强化。那么肘关节周围肌肉就会出现力量的不平衡，可能会使过度伸展的问题持续恶化。所以我们想再次强调：训练一定要多样化！

肘关节环绕运动

手臂向前伸出，掌心朝上，屈曲肘关节，手掌越过肩部后，前臂向内往胸部的方向环绕，掌心朝下。

旋转手臂掌心朝上，向肩部外侧环绕。当手接近肩膀时，掌心会朝下完成环绕。

肘关节环绕

肘和膝过伸

我们应该不惜一切代价避免过度伸展吗？ 简单地说，这需要看情况而定。如果你的肌筋膜系统能支撑韧带，那过度伸展或"锁定"关节是无害的。但关节过度活动者的肘和膝等关节会经常发生失稳，肌肉活动被抑制，韧带也被过度拉伸。缺乏本体感受可能会导致关节磨损和撕裂，所以我们有必要对肌肉进行再教育，使它能保护关节安全达到最大活动范围。同时，也不必畏于主动去探索过度伸展。

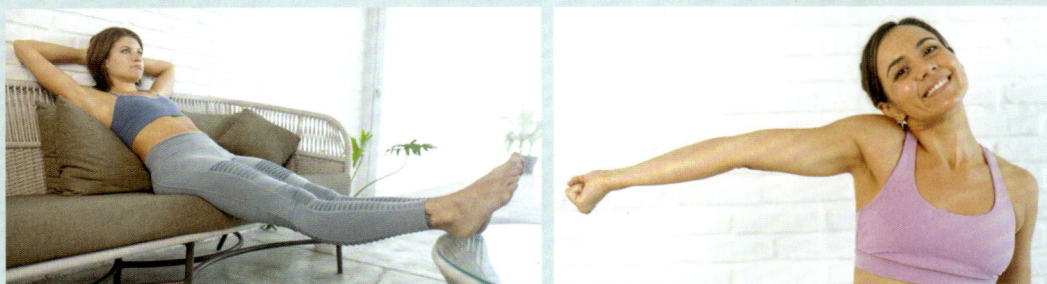

膝关节稳定性

与肘关节的故事相似，膝关节也受益于近端稳定性，只不过保卫它的英雄是臀中肌。臀中肌帮助膝关节远离外翻位置，但并非所有的外翻都对膝关节有害。外翻是膝关节的一个重要的功能性姿势，我们可以在规范的侧向移动练习中主动对其进行强化，如篮球或滑冰。主动训练膝关节以适应全范围活动，对于其恢复功能和改善神经映射非常重要。但需要避免在步行中出现的无意识的膝关节外翻。

腿部也需要确保推拉平衡。腘绳肌是牵拉肌肉，帮助我们硬拉举起重物，而股四头肌则是推动肌肉，使我们能够从深蹲的位置站起来。在某些运动训练中，我们可能会偏爱特定类型动作（只推或只拉），这可能会导致肌肉不平衡。例如，当你想从地上提起一个很重的物体，如果腘绳肌缺乏锻炼无法承受这个重量，而前侧的股四头肌却被充分激活，那么膝关节过度伸展的可能性就会增加。还是那句话，训练要尽可能多样化。

膝关节环绕运动

身体直立，脊柱保持中立位，双脚和双膝并拢，主动锁住膝关节。移动膝关节，朝一个方向进行环绕。让环绕的圆圈尽可能大，但不要移动脚来代偿。换一个方向再进行环绕。

膝关节环绕

接下来，双腿分开站立，进行下肢单侧的环绕。一条腿往一侧迈出，一侧腿弯曲，另一侧腿伸直，然后在这个新的姿势下练习膝关节环绕。

接下来，是时候增加阻力了。将弹力圈套在膝关节稍上方位置，一条腿往一侧迈出。一侧腿伸直，另一侧腿弯曲，弯曲的腿抵抗弹力圈的阻力进行膝关节环绕。

单腿膝关节环绕

弹力圈抗阻膝关节环绕

如果你想提高难度，可以将弹力圈向下滑动到脚踝位置进行膝关节环绕。

腿的休息位

这不是练习，更像是一个小小的安全提示。我们坐着休息时常常会腿伸直，把脚放在物体上架着，此时膝关节就可能处在过度伸展位，而我们却很难察觉到这种现象。当我们从这个姿势站起来时，膝关节很有可能会发生疼痛。所以如果你想减轻膝关节的负荷，就要确保它能够得到良好支撑，在膝关节下方放一个靠枕就是不错的选择。

手

手占据了脑大面积的皮层区域，不仅包括很大一部分运动皮层，还延伸到了感觉皮层的大部分区域。所以，不要跳过练手日！除了提高双手的灵巧度之外，还可以通过训练前的"搓洗练习"来提高双手的感觉能力（见第124页）。

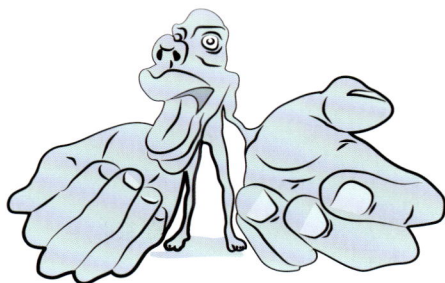

放烟花运动

将手握成拳，然后尽可能快地打开。从重复30次开始，逐渐增加到50次。

手指环绕运动

此练习用于改善单个关节灵活性。在刚开始练习时可能有点棘手，但适应后你就会为自己进步的速度感到惊讶。先使拇指顺时针转3圈，再逆时针转3圈。每根手指都可以拿出来单独进行练习，练习中尽量控制其他手指不产生动作。如果练习对你来说太有挑战性，那不妨用另一只手握住其他手指来辅助进行环绕。

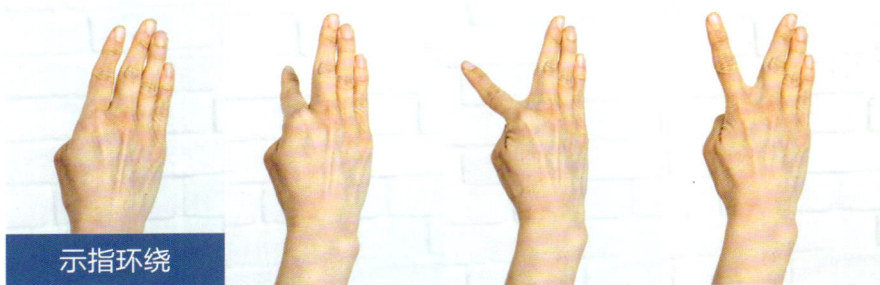

示指环绕

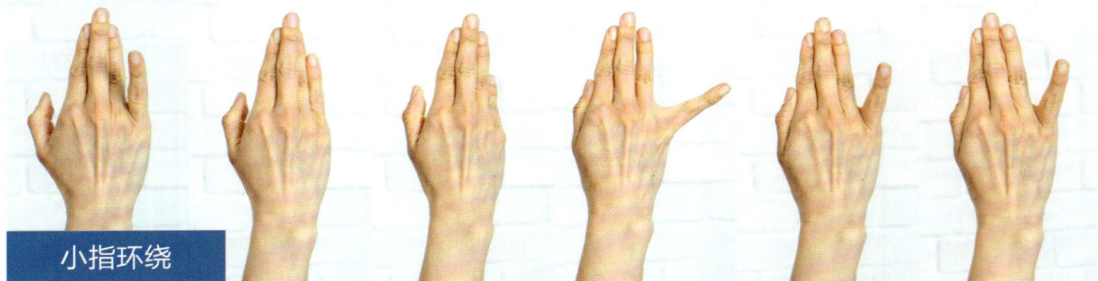

小指环绕

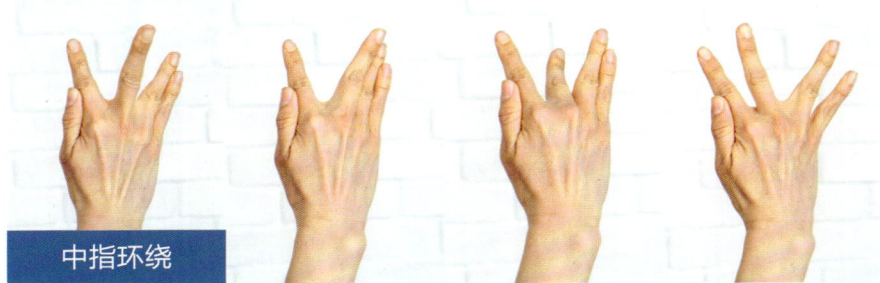

中指环绕

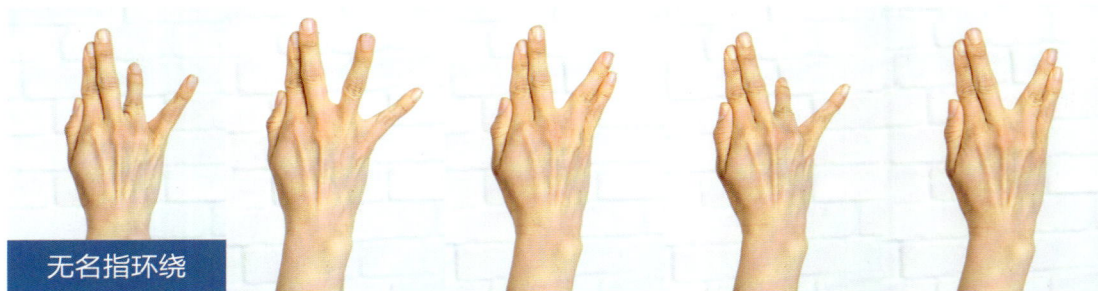

无名指环绕

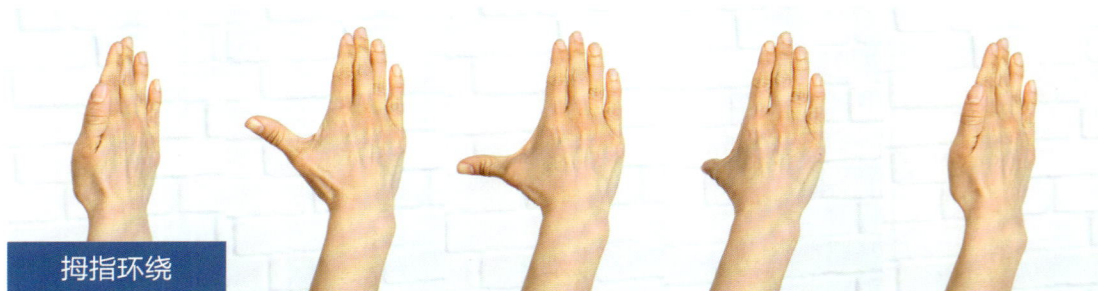

拇指环绕

手腕8字环绕运动

常见的手腕环绕运动效果很好，我们非常鼓励将其纳入训练中。当你能轻易完成手腕环绕时，就可以进阶到手腕8字环绕动作了。

手腕手肘弯曲90°，掌心朝上，屈曲手腕，掌心朝后。然后朝小指的方向旋转，将手指转向地面。接着伸展手腕，掌心朝前。最后，朝小指的方向旋转手腕，将手指转向地面，再回到原位，完成8字环绕。

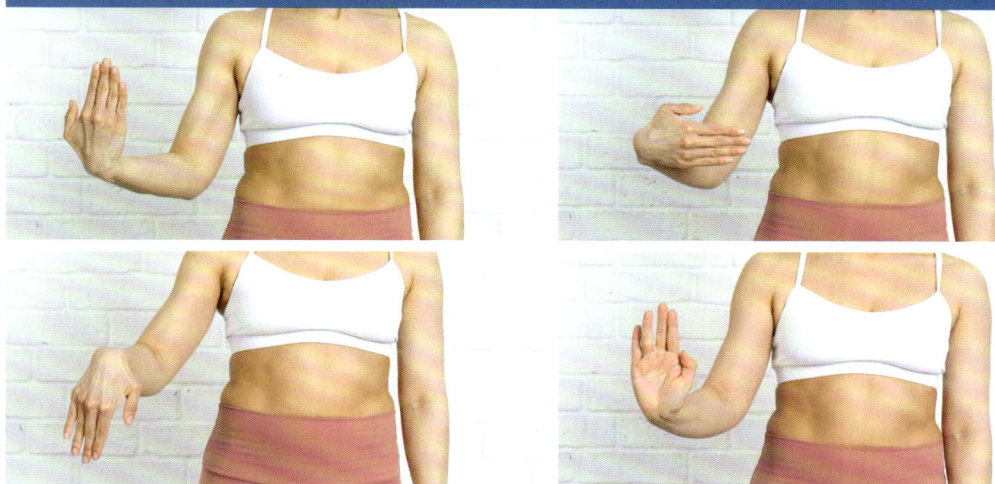

手腕 8 字环绕 – 掌心朝上

如果是拇指引导方向，则掌心朝下，手腕向下弯曲，手指朝下。然后朝拇指的方向旋转手腕，直到手指指向上方。接着伸展手腕，掌心朝前，手指指向下方。最后，朝拇指的方向旋转手腕，将手指指向上方，完成8字环绕。

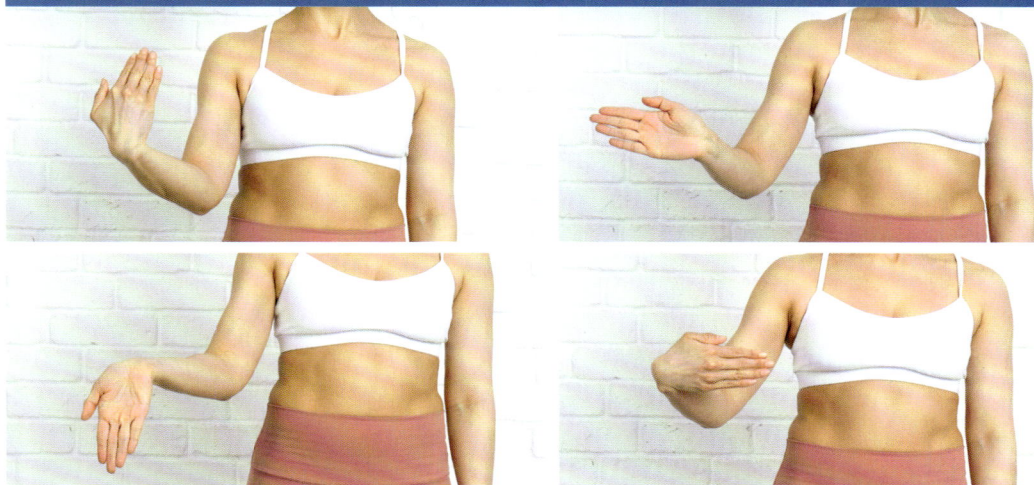

8 字环绕 – 掌心朝下

手腕摆动运动

肘关节弯曲90°，掌心朝下并握拳。左右摇摆手腕，保持指节和地面平行。然后改变方向，上下摇摆手腕。

现在，想象手腕处于一个正方形中，摆动手腕依次描绘它的4条边——上、左、下、右。最后，把正方形的4个角捋平，绕一个圈。

手腕摆动

如果你想拥有如绿巨人般强壮的手腕，就用脚踩住弹力带的一端，用手抓住另一端，然后进行刚才的训练。从左右摇摆和上下摇摆开始；然后移动手腕画正方形，最后绕圈。

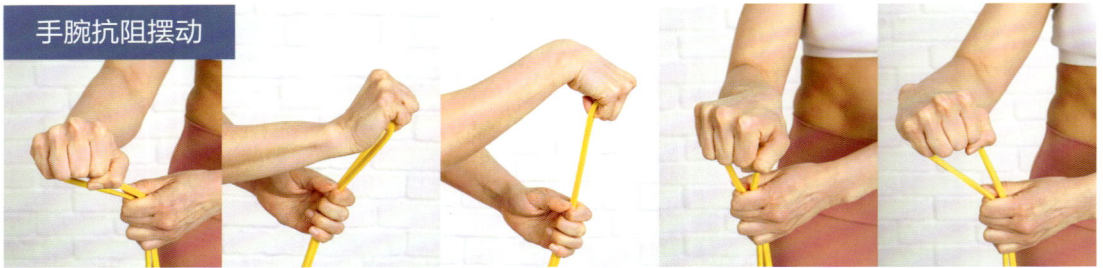

手腕抗阻摆动

脑的"饮食"模式和身体按摩

氧气和葡萄糖是脑最喜欢的主食。观察脑的结构与功能时，我们发现感觉皮层优先于运动皮层吸收这些摄入的营养物质。为了利用这种能量吸收的特性，要确保自己有良好的呼吸，摄入足量的糖分，并且在训练前给自己好好按摩。这乍一看有些难以置信，但在运动前激活感觉皮层确实可以提高运动表现。

可以从按摩脸部、耳朵和颈部开始。接着按摩肩膀、手臂和手部。完成上肢后，开始按摩躯干和下肢，用手背按摩下背部，再到前方轻揉腹部。接着到下肢，沿着双腿前侧向下轻抚，再从腿后部向上返回。最后，以按摩足部结束。

完成这些按摩只需要花费2~3分钟，在这个过程中，感觉皮层会被点亮，帮助唤醒运动皮层。这是怎么做到的？因为相连的神经元会同时放电。

脚

在分享如何调整脚趾的技巧之前，让我们先谈谈鞋子和便利性。鞋子的制作虽然包含了很多前沿的可穿戴技术，但大部分在设计时并没有充分考虑生物力学方面的利弊。在过去，穿高跟鞋与小脚被认为更性感，为了满足这种品味，设计师就会使用不安全的设计——增加鞋跟高度，缩窄鞋头，从而让脚看起来更小。

早期的鞋子根本不考虑足部在日常活动中的功能。当时的设计师将脚禁锢在单一固定形状里，而使用者们只能在毫无挑战性的平坦地面上短距离步行。

随着时间的推移，穿着这种设计的鞋子会导致不利的身体适应。足跟高度每增加1英寸（约2.5 cm），骨盆就会前倾大约15°。鞋头过窄则会改变足部的骨骼排列，并导致踇囊炎等问题。同时，缺乏运动严重弱化了足部肌肉，对整个身体都会产生负面影响。

随着肌肉萎缩，骨密度下降，关节变形，韧带过度拉伸，足部本体感觉减少，神经传入减弱，甚至脑的神经网络也会因失用而发生变化。"用进废退"这句老话是百分之百准确的，它几乎可以体现在所有人身上，而不仅仅体现在关节过度活动人群中。

不止于此。现代社会的进步还改变了人们步行的路面，地面变得均匀、平坦，失去挑战性。随着时间的推移，人们的足部功能（和对应的脑部区域）已退化得厉害。事实也的确如此，老年人的跌倒率越来越高。为此，人们开始想尽办法设计更多的辅助工具帮助维持平衡，如手杖和助行器。在家中则安装步入式淋浴间和扶手，安装升降座椅来征服楼梯，只需点击一下按钮，不用任何肌肉参与，即可自动带着人们上楼。这些策略或许都是为了帮助人们活得更好，但治标不治本。辅具完成了它们的使命，却也劫持了人们的生活质量。但同时，辅具正在为制造商创造巨大的商业利润，所以更不会有人想费力不讨好地解决根本问题。

在这里我们并非想表达现代生活方式百害而无一利，它确实让人们更方便更舒心，但我们想说的是，人们需要警惕固定化的生活方式，多样化才更有利于身体健康。

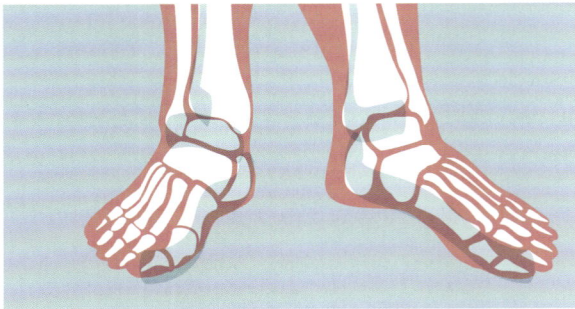

人体的足部共有26块骨头、30个关节和100多块肌肉、肌腱和韧带。这些错综复杂的连接，使人们能够适应自然界中无穷无尽的变化。但是如今人们的足部缺乏暴露在压力源之下，那足部适应复杂变化的能力也随之衰退。

关节过度活动者的脚

关节过度活动者的脚虽然大小形状各异，但却有同样的使用策略，即习惯于将负荷作用在韧带上。其中最常见的策略是足弓塌陷，即旋内足（人们也称之为"扁平足"）。另一种策略较为少见，是足弓过高，足弓塌陷到外侧韧带，即旋外足（也被称为高弓足）。这两种策略都逃避了肌肉的使用，依靠韧带结构完成支撑。虽然旋内和旋外是健康足本来就具备的能力，但是两者必须进行反射性交替运动，才能发挥出足的功能——减震。

高弓足

VS

扁平足

赤足鞋

了解了鞋子的真相后，部分关节过度活动者变得怒不可遏，他们销毁了所有的旧鞋，用赤足鞋取代了这些"刑具"。

这种做法有一定的可取之处。但要小心损伤！在足部不具备正确生物力学的情况下突然做出调整，可能会伤到自己。如果你从来没穿过赤足鞋，我们一般建议你在3～6个月的时间内循序渐进完成过渡，让组织能够适应负荷的变化。我们还建议你在使用赤足鞋的同时进行以下练习，来进一步强化双脚，使它们具备足够的能力来支撑身体。

穿上赤足鞋，伸髋不受限

筋膜球滚压运动

我们建议先用筋膜球唤醒脑部的感官地图。将足底置于筋膜球上每天滚动20～30秒，尤其在你锻炼之前时（如果你喜欢这个练习，可以练习更长时间）。

足底滚动筋膜球

赤足配合筋膜球，效果更佳。

踝关节内翻运动

一只脚踩住弹力带，用对侧手拉住弹力带一端。踩住弹力带的脚向前外侧对角线方向迈一步，然后使足底内侧抬起，将力量压向足部外侧，反复练习右足外侧滚动。练习过程中脚尖的方向可以略微朝外，也可以指向前方。此外，还可以变换脚的位置，从前外侧对角线位置移动到前侧、两侧和后侧对角线位置，让脚承受各个方向的力。

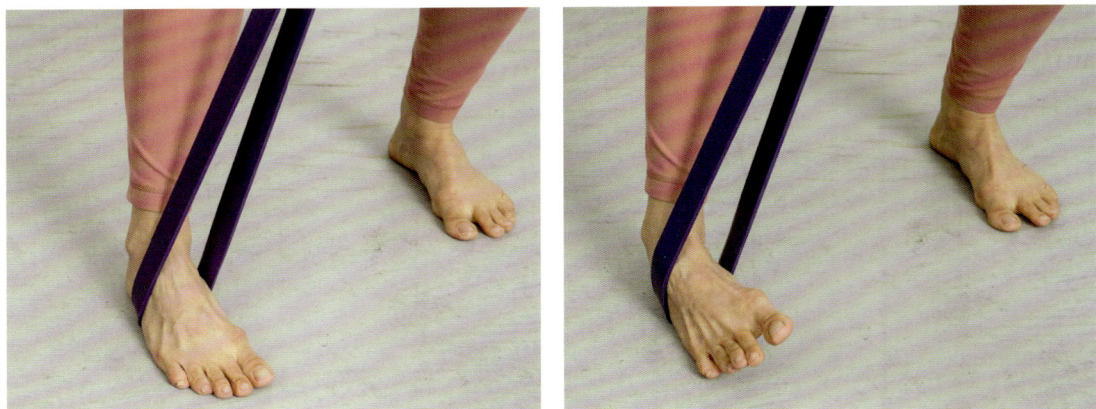

踝关节外翻运动

一只脚踩住弹力带，双手抓起弹力带两端。自由侧的脚往侧边迈出一大步并弯曲膝关节。踩住弹力带的脚足底外侧抬起，用自由侧的同侧手用力向上拉弹力带，在足部内侧产生阻力。反复练习在足内侧滚动。

踝关节内外翻结合运动

一只脚踩住弹力带，双手同时向上提拉弹力带两端，在足底两侧都产生阻力，然后让踝关节依次完成内翻和外翻抗阻运动。

踝关节内外翻运动

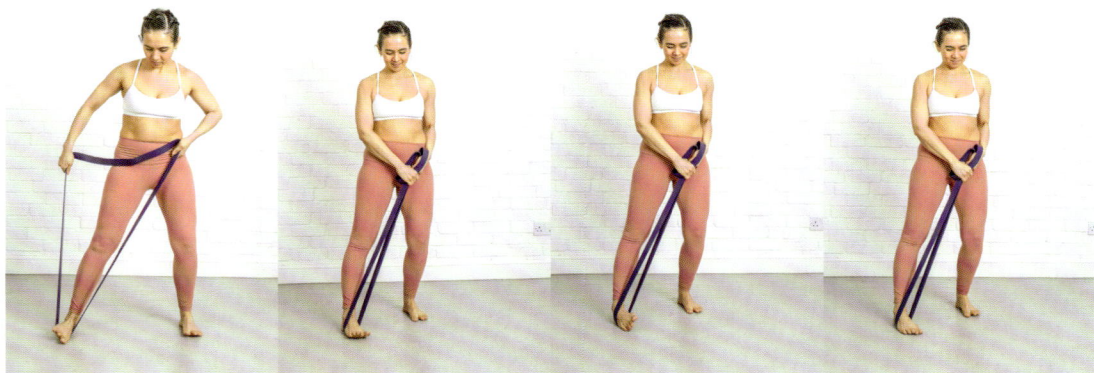

足部环绕运动

将弹力带置于一只脚的前脚掌下面，双手握住弹力带两端，将脚抬起并保持在一定高度不动。练习旋转脚踝对抗阻力。

用弹力带进行足部环绕

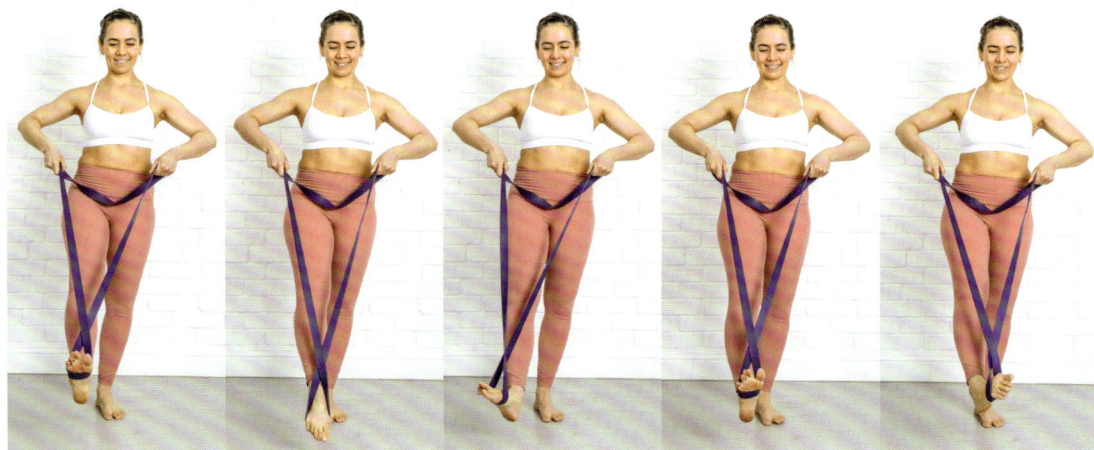

足部波浪运动

足背伸（脚背靠近小腿），把弹力带绕在前脚掌的下方。脚趾向下卷曲，带动整个足部逐渐完成跖屈（脚背远离小腿）。当脚完全跖屈后，抬起脚趾，让足部像波浪一样卷回到背伸位置。

足部波浪抗阻运动

趾尖下犬式

跪坐并绷直脚尖。双手支撑在地面上，慢慢将身体重心前移，将身体撑起至趾尖下犬式，短暂停留后降低背部回到原位。动作过程中需要将脚趾向往下推。如果这个姿势对你而言并不舒服，可以在脚下方垫一条毛巾卷。

第九章 为什么练瑜伽会给关节 过度活动者带来问题？

首先让我们说明一下，这个标题有一些误导性，但请相信我们，这一章将是本书的点睛之笔。

对任何人而言，瑜伽的问题都不在其本身。

瑜伽的真意是联结——一种能意识到万物相联的超能力。它以身体练习为出发点，利用丰富的体式，缓慢的吐纳，带领人们理解世间万象、探索识海深处、实现顿悟与开蒙。

从外表看，瑜伽看起来就是一个人闭着眼睛坐着不动，用外语念诵经文，再以一种类似过度换气的方式呼吸。或者对很多人来说，瑜伽就是在橡胶垫上把自己凹成各种形状的过程。事实上，对于一个观察者来说，不可能知道是否有一场内在的旅程正在发生，只有实践者本人才能知晓确切的答案。

在本书中，我们讨论的瑜伽，指的是瑜伽中丰富的体式。我们深入研究了这些姿势对人体的影响，以及它们给关节过度活动者带来的问题。

在进入话题之前，我们想说，做生活中的每一件事皆可进行更深层次的内心之旅，而不仅仅局限于在橡胶垫上冥想、念诵、呼吸或练习体式。读书可以是瑜伽，冲浪、园艺、举重也可以是瑜伽。哪怕是吃一个爽口的梨子，只要你缓慢、专注、充满感激地咬下每一口，都可以是瑜伽。如果练习者正在体验某种形式的心灵、身体、呼吸和自我的连接，并且在脱离体验时，能把自己置于更宽广的时间轴中，意识到当下的无限短暂和永恒，那么可以认为正在发生的事情就是瑜伽。

希望众生能得到快乐自由，并因着我的思想、语言、行为助他们得到这些快乐及自由。

有些人对此并不认同。但存在分歧的这一事实，也证明了瑜伽之旅的深奥和深刻的人性本质。

因此，在这一点上，阅读本书中的信息不仅能改变你在瑜伽垫上的运动方式，教会你如何在日常生活中保持身体中正，还能让你更深入地理解你为什么和如何运动背后的意图。这就是瑜伽！

你的"自我"是过度活动的吗？

我们讨论如何限制柔韧性。那么，如何限制你的"自我"呢？

我们相信，并且也希望你能相信，关节过度活动可以让你成为超人！

由于我们的身体柔韧性过高，那些活动相对受限的普通人得花费数月甚至数年的时间才能完成的事情，对我们而言轻而易举就能做到。

但过度依赖身体的特殊性并非超人所为。也许在体育世界中会更关注身体优势，无论运动员的内心世界如何，身体优势都会换来回报。但在现实世界中，特别是瑜伽世界中，成为超人与身体改造无关。就像我们喜欢超级英雄，不是因为他们所携带的超能力，而是因为他们使用超能力所做的事情。

我们需要将力量融入我们松软的身躯中。除此以外更重要的是，比起许多活动受限者，我们要更加学会敬畏和谦逊——特别是当我们明知会很痛，还要强迫自己完成体式时。

这便是我们想要谈论的自我、关节过度活动和向超人学习谦逊。

在瑜伽中，损伤的头号原因通常与"自我"有关——这一点，在关节过度活动者和普通人中没有区别。而我们作为作者带头承认，在调整训练来保护我们过度活动的关节时，"自我"是我们面临的最大阻碍。

阿德利的故事

　　瑜伽是一项非常有挑战性的运动，我喜欢挑战，而我家附近正好有一家瑜伽馆，所以我以前非常喜欢去那里练瑜伽。当我上完课，可以瞥见学员们正练习着大多数瑜伽教练都不会尝试的姿势。这些姿势其实我也能完成，但练习它们损伤了我的肩膀和腰部，所以我对这些姿势做了调整。

　　我能听到我的"自我"由于不适而发出的呜咽，因此我阻止了自己，没有继续像从前那样练习。在调整之后，我转变为依靠力量而非重力来完成体式。

　　但是，当老师将体式做到极限，同学们争相模仿为达到同样的极限时，我的"自我"就会在整节课中因"畏于挑战"而受到打击。我很清楚，我也可以轻松到达极限，但前提是必须把负荷全部积压在腰部，这将导致我会腰痛一整天，并可能进一步造成长期损伤。

　　但"自我"会怂恿我说，"机不可失，时不再来！"在我清晰了解"自我"之前，我也会为完成一个毫无意义的夸张后弯而沾沾自喜。那种感觉，你懂的。我会成为教室里唯一能完成某个体式的人，老师会夸赞"非常好，阿德利"，甚至说"大家都看过来，学习一下阿德利是怎么做的"。

　　但每次做完这些，我疼得直不起腰，就像止痛药广告中的人物一样夸张地扶着自己的腰部。我开始扪心自问，"阿德利，你明知怎么做才是对的，为什么非要如此？"，于是我尝试做出改变。当人们还在追求着完成夸张的劈叉，或像舞者一样从后方抓住自己的脚时，我开始将身体需求置于"自我"的欲望之上。之后的每一次练习，我都努力朝自己的目标更进一步。直到有一天，我终于不再想尝试超出关节活动范围的体式，也不再担心失去完成那些体式的能力。

主动舞王式

西莱斯特的故事

在我刚成为一名瑜伽教练时，每天接连不断的课程让我筋疲力尽。那时起我就明白，唯一的出路是发展品牌和业务，这样我才能获取更好的薪酬，同时减少令人煎熬的工作时间。为此，我开始专注于经营Instagram，迫切希望涨粉，帮助我逃离恶性循环。

我是一个爱做功课的人。在研究了大量优质博主后，我发现了流量密码——展现别人无法完成的弯曲。记得那是寒冷的十二月中的某一天，我穿着紧身裤和露脐上衣，带着摄影师拍摄后弯动作，涨粉心切让我完全忽略了寒风的刺骨以及关节的不适。但不久，我意识到了这是"自我"对被认可的渴望，这将我逼入绝境。我一直在思考，"是什么让人们喜欢看我做下犬式？"

终于有一天，我的身体无法再承受这种工作形式，我的经济能力也无法再负担定期的物理治疗，我下定决心开始改变。我不再做吸引眼球的事，而将我的账号看作一种宣教工具。同时，我开始完善知识储备，并应用所学的原则。很快，我就感受到了身体不可思议的变化，并且这也在我的学生身上有所展现，这远比涨粉更令我开心。我需要感激身体发出的痛苦和不适信号，是它的警告引领我走出了"自我"挖下的深坑。

这就像毒品，你明知它有害，但却无法阻止自己。在快感消失后，才想起曾经想过要痛改前非。

谦逊，才是真正的瑜伽。

如果你需要比普通人付出更多才能学会谦逊，那么你也会拥有更多、更好、更强大的收获。

对于我们关节过度活动者而言，可能不需要做太多的柔韧性训练，就已经达成了别人的柔韧性目标。但也许我们磨练我们超能力的地方是在我们成为谦逊的瑜伽练习者的旅途中。

这本书，不仅涉及了解剖学和生物力学知识，而且还能作为提高专注、倾听和包容的指南。每个人对世界的感知都是完全主观的体验，我们允许自己通过提问和争论来增强这种体验。放飞你的思想，让生命中的每一分钟都能以无限的方式被感知。而唯一能够决定以何方式感知它的人，就是你自己。

如此来说，这一章应该被称为

"为什么当代瑜伽体式在许多（并非全部）瑜伽工作室的教学中会对关节过度活动者造成损伤。"

不管你如何看待瑜伽，人们的普遍共识是瑜伽课上所做的体式都来自印度，但实际上其中的大多数都创立于不久前。在古籍《哈达瑜伽之光》（*Hatha Yoga Pradipiha*）中列举的体式只有15种，而现在人们所看到的，大多数被认为是"传统"并以梵文命名的体式，其实是瑞典体操和印度健美运动的结合体，并在20世纪初到中叶才加入瑜伽体式中。

从表面上看，瑜伽非常古老，所以它一定是最好的运动方式，对吧？越古老的东西不就越好吗？值得一提的是，这些体式进入瑜伽的同一时期，依旧还有许多著名的医生认为脑叶切除术是治疗精神疾病的最佳方法。此外，练习这些体式的印度族长与21世纪的现代人生活方式大不相同。所以现代瑜伽中继承的很多东西，可能适合其创造者，但不一定适合现代人。但是瑜伽还是飞速流行，从印度海岸开始，再到西方海岸，最后到世界上的各个角落。综上所述，我们应该把注意力转移到我们进化的需求上，而不是那些宗师们认为很酷的那些东西。

正如体式从克里希那玛查雅（Krishnamacharya，现代瑜伽之父）的时代演变而来，产生了艾扬格和阿斯汤加瑜伽，从中又演变出了火箭流瑜伽、禅瑜伽、流瑜伽和许多其他流派，体式也将继续演变。我们希望这本书可以成为瑜伽体式演变成一种智慧型运动的一部分，以确保所有人的身体长久耐用。

可惜，现在事实并非如此。

瑜伽可能会以多种方式导致练习者严重损伤。超越人体自然的关节活动范围，反复练习导致的身体失衡，* 没有考虑现代生活方式（即久坐，用手机为我们完成所有工作）所造成的姿势缺陷，这是瑜伽损害身体健康的3种形式。其中一些损伤甚至以最常见的受损部位命名："瑜伽臀""瑜伽肩"和"阿斯汤加膝"。

---

* 我们前面也提过，大多数传统瑜伽课程着重于腘绳肌拉伸而非腘绳肌强化，着重于肩内旋而非肩外旋，着重于推的动作而非拉的动作。

| 被动坐立前屈式 | 主动坐立前屈式 |

好吧，可能"阿斯汤加膝"只是我们编造的，但这是因为阿德利曾和一位著名的阿斯汤加老师参加了研讨会，这位老师向阿德利出售了一款小垫子。当阿德利询问它的用途时，她被告知，当膝关节弯曲到引发疼痛时，可以将垫子放在膝关节下方以减轻疼痛。

为什么不避免导致疼痛的原因呢？这样就不需要购买垫子了，这不是更合理吗？

损伤笔记

我们看待损伤，就如同看待伤心往事一样如坠地狱，所以我们试图不惜一切代价去避免损伤。然而，所有人都可能在生命中的某个时刻遭遇损伤，不过损伤可以教会我们许多，让我们对他人产生更多的共鸣与怜悯。换个角度想，或许受伤也并非坏事，至少表明我们尝试过、经历过、体验过一些事情……即使结果并不符合我们的期待。

让损伤成为你的瑜伽教练。让它为你创造了解自己的机会。然后吃一堑长一智，让损伤不再发生！瑜伽中的损伤，很大程度上是可以避免的。

从现在开始，让我们把损伤只留给极限运动的狂热者和特殊事件吧！

第十章　关节过度活动者的
瑜伽"急救包"

"显然，关节过度活动者痴迷于瑜伽！"

虽然关节过度活动影响了15%～20%的普通人群，但在瑜伽界中，这一比例可能要高得多。如前文所述，关节过度活动者痴迷瑜伽是因为可以用高难度的动作收获赞许，就像熊喜欢蜂蜜一样，虽然屡次受伤却能从中尝到甜头。

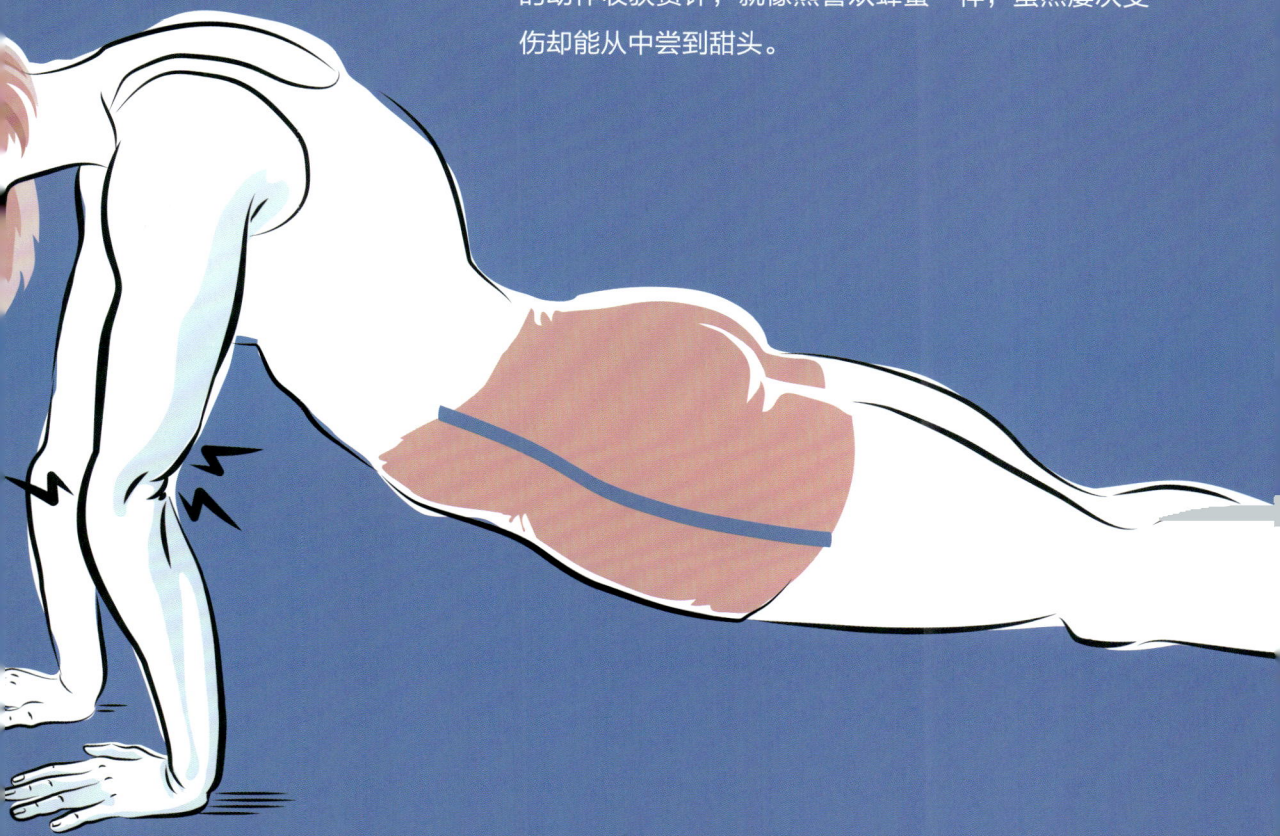

另一个我们喜欢瑜伽的原因是瑜伽有独一无二的焦虑安抚作用。最重要的是，瑜伽给我们敏感的身体提供了一个很好的借口，当我们说"我通过修行变成了一个高度敏感的人，我具有超常的感知力"这样的话时，人们就不会对我们的表现感到怪异和不解（但实际上，那不是超常感知力，而是关节过度活动谱系疾病）。

不论出于哪种目的让你热爱瑜伽，我们都希望当你读到这里的时候，已经发生了思想上的改变。有史以来似乎最令人麻木的事情是，传统瑜伽体式的柔韧性和力量训练的比例失衡。练习者们都在吹捧拉伸运动，却对任何形式的力量训练噤声。因此，许多医生、物理治疗师、整骨师和其他医疗保健专业人员，都建议关节过度活动者避免练习瑜伽，甚至把瑜伽判定为一种"有害行为"。

至此，选择的难题摆在我们面前：是冒着受伤风险继续练习瑜伽，还是放弃它去做力量训练，牺牲我们的心理健康？

知识炸弹!

即使你是关节过度活动者，也不必放弃瑜伽。只需要正确地做出调整。

轰

无需害怕进行瑜伽、舞蹈、体操、普拉提、CrossFit、水下曲棍球、摔跤和极限熨衣（ironing，一种极限运动）等运动，即便是关节过度活动者，也可以继续从事（或开始）你喜欢的项目。不过，继续或开始的前提是有足够的稳定能力，如果没有这种能力这些活动就成了定时炸弹，随时可能给你的身体带来损伤。所以我们希望你能够认真研究本书中的生物力学和训练部分，以帮助你身体维持中立位。

接下来的内容，我们会专注于瑜伽中的体式，以及如何调整这些体式以确保身体的安全。

需要警惕的瑜伽提示

下面是一些瑜伽的快速指导，其中涉及的生物力学知识，我们已经在相关的章节中讨论过了。如果你想了解更多信息，可以回到前面的章节。

在第七章，我们讨论了扭转捆绑瑜伽体式背后的肩关节生物力学，提到了人们在练习肩关节内旋和外旋时耗费了不成比例的时间。不过这其实不算什么大问题，因为人们在日常生活中肩关节会参与更多内旋活动。然而我们在缠绕动作中很容易让肩关节进入被动活动范围。因此，完成动作时需要尽量避免紧握双手交织在一起。

"放松你的臀部"这类提示不该用于任何后弯姿势中，相关原因在第六章进行了详细说明。

侧角扭转捆绑式

被动弓式   主动伸展弓式

再让我们看看下犬式：
- 瑜伽练习者应该忽略"让肩膀下沉，远离耳朵"的提示，当手臂举过头顶时，瑜伽老师不得再次发出该提示。有关这方面的更多信息，请参阅第七章。

下犬式肩胛骨上提不足   下犬式肩胛骨上提良好

- 在第八章"如何使用扭矩"中，我们提到了足和踝的理想运动方式。我们需要稳定的足部和灵活的踝部。但是瑜伽教练会在下犬式中鼓励学员将足跟向下压，导致关节过度活动者足弓塌陷。为了避免足弓塌陷，要保持足弓撑起。

英雄式和全莲花式是两种对膝关节不友好的体式。还记得第二章的人体地图吗？膝关节属于稳定关节。我们需要通过肌肉控制来保持膝关节的稳定，使其在关节主动活动范围内活动。而这两种体式，却往往将膝关节带入痛苦的被动活动范围之中。

- 英雄式利用重力使膝关节被动极端屈曲。我们建议用"挺髋蹲"来代替这种体式，可以增强股四头肌和臀大肌的力量。如何完成挺髋蹲？只需在屈曲膝关节和脚踝的同时让身体后仰，并抬起足跟，保持髋部伸展即可。

英雄式

- 做全莲花式时，有些人可能会用手将脚踝掰到大腿上。但此时只有非常少量肌肉被激活，意味着膝关节的韧带会有过度拉伸的风险。我们建议用鞋带式代替全莲花式，脚外侧压向垫子（向下发力），从而使双腿肌肉保持激活。进阶方法：试着让双脚脚底相互挤压，然后双脚同时抬离垫子，但注意不要让身体后仰！

莲花式

不要到达被动活动范围末端

还记得我们在第一章中所提到的身体有不同的活动范围和保护机制吗？这是神经系统为了保护我们的安全所建立的一种机制。简单来说，限制关节陷入被动活动范围的主角是神经系统，配角是肌筋膜（肌肉、筋膜）和骨骼。

主动鸽式

- 主动活动范围通常是安全的。我们可以有意识地控制自己的身体保持在合适的位置，甚至可以对抗阻力（重力或其他力量）。

- 当我们借助外力来移动身体，并超出关节主动活动范围时，就进入了关节被动活动范围。
- 被动活动范围末端，又称为解剖屏障，意思是关节活动超过这个位置，就可能会对身体造成持续损伤。

被动鸽式

主动单侧上升腿

猜猜关节过度活动者在拉伸时，关节会移动到什么位置？没错，就是被动活动范围末端。再来猜猜，许多瑜伽教练在指导中，无论是有意还是无意，都会鼓励学员做什么？没错，到达被动活动范围末端。所以此时在被动活动范围末端会发生什么？答案是拉伸到了不应该拉伸的部位，这可能会对韧带造成严重的、甚至是无法修复的损伤。

了解主动活动范围和被动活动范围之间的区别，可以保证你在所有运动练习中的安全。如果想进入活动范围"末端"，请确保它是主动活动范围的末端，而非解剖屏障。

或许这么说能更好地总结：被动活动范围善于使用外力，引诱我们进入它的地盘，让我们一步步走向拉伸韧带的深渊。

手和其他身体部位

被动活动范围善于使用帮手。帮手可能是你自己的手，也可能是你周围的人，如帮你拉伸到更大活动范围的瑜伽教练。帮手也可以是你身体的其他部位，如肘部——在扭转弓步式或扭转幻椅式中用肘部抵住对侧膝关节外侧。再比如脚和大腿——做全莲花式时脚和大腿相互支撑。所以我们需要警惕鼓励你进行被动运动的提示。在瑜伽课上，你可能经常听到以下提示：

弓式："抓住脚，然后往上抬……"

舞王式："把腿拉向手臂，打开胸部朝向天空……"

低弓步式："手伸向后方，抓住你的脚或脚踝……"

坐立前屈式："抓住脚趾，把身体向前拉近……"

扭转弓步式:"用肘关节推膝关节,增加扭转范围······"

利用身体某些部位的推或拉完成动作,那其他部位就会变得完全被动。例如:

弓式:当你双手向上拉双脚时,后侧链肌肉就可能失活,导致腰部受到挤压。

低弓步式:当你靠手把脚拉到臀部时,腘绳肌和臀大肌就错失了锻炼机会。

扭转弓步式:利用肘关节推膝关节来帮助扭转,意味着你的腹斜肌和肋间肌将会失活,神经系统就失去了学习胸椎旋转技巧的机会。

我们再来思考一下，如果不借助手或手臂来完成这些体式，会有什么变化——不妨立马放下书去试一试！然后再回来阅读我们为关节过度活动者提供的建议：

- 练习时尽量不要让身体的两个部位相抵。
- 如果练习时身体部位必须接触，请尽可能多地在主动活动范围中练习这些体式，并保持相关肌肉全程激活，而不是让拉、推、压诱导你放松应该参与的肌肉。
- 如果有人想将你推或拉到更大活动范围，请立刻阻止他。并向他解释你想练习力量和控制，对更大活动范围的体式不感兴趣。

重力

无论你做哪种体式，重力都是必须要克服的阻力。重力总是垂直向下朝着同一个方向。这就是为什么保持平板支撑姿势或抬起大腿如此困难的原因。因此对抗重力是一种增强力量的好方法。但某些姿势下，重力会成为被动活动范围的帮手，除非你主动抵抗它。

注意这些常见的姿势，在这些姿势中，重力容易让你陷入痛苦的被动活动范围的深渊：

- 低弓步式：重力让你的髋部下沉，也许还让足弓塌陷，导致膝关节内扣，这会引发灾难。

- 代替方式：往重力相反的方向向上撑起髋部。大腿发力收紧，保持髋关节不落入被动活动范围末端。前侧脚维持足弓支撑，并确保膝关节与脚踝处在同一条直线上。

- 可选方式：仅利用腘绳肌和臀肌的力量使足跟拉向臀部。

● 坐立前屈式：胸部压在大腿上，腿部肌肉和核心的放松可能会导致腘绳肌过度拉伸。

- 代替方式：将脚跟压向地面，足背伸，从而激活腿部肌肉，躯干和腿部之间保持一定的空间。

● 骆驼式：躯干依靠重力后弯，通常会以损伤下背部为代价。

代替方式：找到躯干后弯的主动活动范围末端，即由于重力作用开始失控的位置。然后控制躯干慢慢后弯，只降低到能主动将自己返回原位的位置。请记住腰椎需要保持稳定。所以，要通过伸展髋部和胸椎来向后弯，避免主要的弯曲发生在腰部。

动量

就本章来说，动量运动被认为与控制运动相反。在跳跃、冲刺、投掷、踢击等动作中，我们会依赖动量。而控制运动意味着，我们可以在姿势变换过程中随时停下，保持静止不动。当你解除控制并用动量取代它时，这辆"失控的火车"就很难停下来。在许多情况下，与能放慢速度的控制运动相比，动量运动需要更少的努力。

以瑜伽体式转换为例。从单腿下犬式开始，将抬起的脚向前迈至双手之间，抬起胸部，完成到弓步的转换。

看似简单，实则做起来很难。这是一种让很多初学者说出"我练不好！"的体式转换。为了完成这个体式，很多人会选择依靠动量把腿向前甩。如果你也如此，请试着放慢速度来完成这个转换，让身体在动作过程中的每一个位置都能停下来，腿可以随时悬停在空中。当体式转换完成时，你会惊叹，"原来这就是控制运动和动量运动之间的区别！"

"快了反而更简单！"

关节过度活动者特别擅长依靠动量来补偿动作过程中的力量不足。

会暴露动作失控的另一个场景是，能否慢慢控制将身体恢复原位。例如，在练习低弓步式时，用手将脚拉向臀部，然后将手移开，你能控制着将腿慢慢放回垫子上吗？有能力对抗突然的下落吗？

如果想避免过度依赖动量，不妨试试下面这些建议：

- 专注于缓慢、有意识地完成动作，并且需要不断地提醒自己，"我能控制身体在这个位置停下来吗？"
- 自我检查与反省，"我是把躯干猛地甩到了这里，还是有控制地缓慢放在了这里？"
- 在不同体式之间转换时，要有能力在任何时间点都能暂停定住不动，如此便可获得强大的力量。

被动站立头碰膝式

主动站立头碰膝式

辅具

也许你是不需要辅具的瑜伽强者。但即使是瑜伽垫——特别是优质的防滑瑜伽垫，也是辅具的一种，可以使某些体式轻松地被动完成，不需要身体激活太多肌肉。

关于瑜伽辅具（如瑜伽带或瑜伽砖）的用途，存在一些常见误解。以下这些场景眼熟吗？要小心任何鼓励使用辅具的教练提示：

- 用瑜伽带缠绕肘关节，辅助手臂平衡式和孔雀起舞式：在第八章中，我们提到可以通过加强肩外旋肌群力量来获益。但是在肘部使用瑜伽带会让我们容易产生依赖，让外旋肌失去练习机会。而我们最终需要的是在没有瑜伽带辅助的情况下也能完成练习。取代的方法是，挤压瑜伽砖或将双脚放在地上，同时增加力量来完成手臂平衡式。

- 借助瑜伽带把自己拉到更大活动范围：请不要这样做！再次强调，要保持肌肉激活。

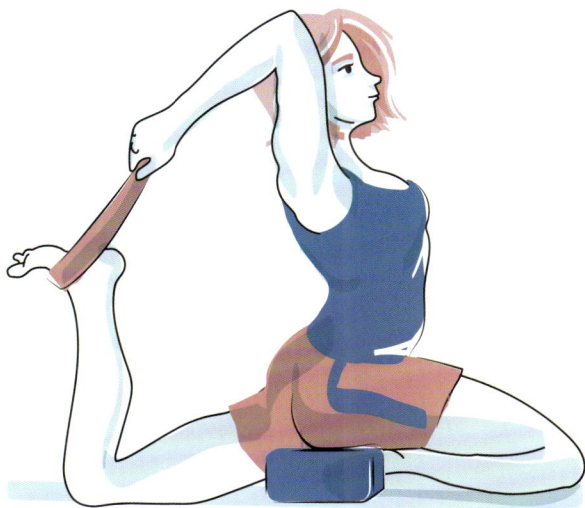

舞王式 - 瑜伽带被动辅助　　舞王式 - 主动活动范围

- 依靠瑜伽砖来支撑：不要
  让瑜伽砖帮你完成全部工
  作！要让它成为你的兼职
  助理，而非全职仆人。

一个简单的原则是，辅具的存
在是为了降低动作难度，而非代替
你完成动作。所以记得练习时问问
自己，"是辅具完成了动作，还是我
自己完成了动作？"

半月式中肩关节失稳

离开瑜伽垫

看到这里你可能会想，"哇，这完全改变了我练习瑜伽的方式！"这就是我们的目标——
让你更加注意自己的运动方式。即使你上完瑜伽课回到生活中，也不要停止对动作的关注。
想想你在日常生活中是如何完成动作的：是不是失控地一屁股跌坐到沙发上？你能有控制地
让自己平稳坐下吗？

我们并不是让你必须像机器人一样，所有的肌肉都必须保持超级亢奋来完成控制。你可
能在想："我还能放松吗？"答案是当然可以，你应该去放松！只要你不进入被动活动范
围末端。

膝关节过度伸展　VS　避免膝关节过度伸展

记住，被动活动范围末端是个可怕的地方。如果你的肌肉放松，关节处于被动活动范围末端，韧带就很可能遭受过度的拉伸，最终导致关节磨损。

只需你记住涵盖所有日常生活活动的头号超级秘诀：如果你能维持正确的姿势，拥有正常的脊柱生理曲度、良好的中立位，以及良好的呼吸模式，就会万事大吉！但如果你没有激活稳定肌，正确的姿势就难以实现。不过，你也不需要激活全部稳定肌来完成工作，健康的姿势能够恰到好处地激活相关的肌肉。

避免长时间保持一种姿势

"维持这个姿势三分钟。保持不动。"

如果你在练习阴瑜伽，特别需要注意使用身体的方式。阴瑜伽的教练通常会提示你，让你身体保持完全静止数分钟，从而感觉"气流"注入你想要放松和释放张力的身体部位。虽然这类练习会让人平静，带来放松的效果，但是目前还没有科学证据能表明维持姿势超过60秒（一些研究是30秒）可以提高柔韧性。

阴瑜伽有一定的好处，但并不是获得柔韧性的最有效方法，当然也不是获得力量和稳定性的最好方法，关节过度活动者需要以更多的活动方式去正常发挥功能。

在保持体式时，只要确保关节不进入被动活动范围末端，你就可以使用任何必要的辅具。但你需要问自己，"如果失去了辅具的支撑，还能保持住这个姿势吗？" 如果回答是"是"，那么你已经足够支撑自己了。

膝关节下方放置毛巾卷，防止体前屈时发生过度伸展

即使教练要求你保持不动，我们也支持你倾听身体发出的想要移动的信号。从进化的角度来说，这些信号是为了保护我们身体而产生的，可以让我们摆脱不适的姿势。如果关节或肌肉感到不适则必有其因，顺从你的身体，它需要动起来。

换个角度说，即使身体处在某种良好姿势下，但如果它发出了想要运动的信号，我们也应该立刻变换姿势，因为支撑身体的稳定肌也会疲劳。如果身体忍不住想松懈下来，就换个姿势，这是个很好的缓解疲劳的办法！

如果已经长时间保持某个姿势，那就要留意一下变换姿势时的感觉。变换过程中身体不应有任何"拉扯"感，肌肉也不应该"昏昏欲睡"。如果出现上述异常，就意味着维持之前的姿势太久了，下次尽量避免这种行为。

才 5 分钟 !!!

试想在远古时期，我们的祖先正躲在树下纳凉，此时一只觅食的饿虎经过此地。祖先们肯定不会以双腿麻木疲软的姿势继续坐在那里，这是拿生命开玩笑！倘若他真的选择以青蛙的姿势坐了5分钟，后果会如何？

虽然现在的生活和过去相比已经大不相同了，曾经对祖先及其生存重要的东西，对现如今的我们来说已经没那么重要了，但我们仍与祖先拥有同样的生物学特性。所以，不管我们喜欢与否，都得心存敬畏。

轰

缩小主动活动范围和被动活动范围之间的差距

如果主动活动范围末端与被动活动范围末端之间存在巨大差距，该怎么办？没关系，你的神经系统正控制着一切，它就像小狗易拉一样，正用水汪汪的大眼睛望着你，充满了学习新技能的渴望。

神经和组织可以通过训练，在被动活动范围中做出更灵敏的反应，从而转化为更大的主动活动范围。下面来看看其中的工作原理。

以低弓步式为例，手臂向后伸展抓住后方的脚，并将其拉向臀部。如果整个动作都是靠你的手臂完成的，那么臀大肌和后侧链就不会参与其中，这就是被动活动。而如果你完全不使用手臂，只利用后侧链的力量——特别是臀大肌和腘绳肌，使脚移向臀部，那就是主动活动！

当你能够向脑发出信号，让肌肉在整个关节活动范围内都保持激活时，你会真正受益。

如果没有手的帮助，你可能无法让脚接触到臀部。因此，在关节活动范围内创建更多神经控制的一个很好的练习技巧是，借助手将脚拉向适当的位置并保持住，然后尝试慢慢将手移开，并让脚仍然停留在那个位置。

这就像是你给脑发送了一份报告，上面写着："发现未知领域，请求开火。"脑会回应："准许开火！"。然后你可能真的会感觉到肌肉在燃烧。

随着练习的不断深入（使用渐进式超负荷），肌肉获得的信号会更强大、更稳定，你逐渐无须借助手的帮助也能达到更大的活动范围。这真的很神奇！ 一旦你能做到这些就可以在脚踝上增加负重来进阶，将能力提升到新的高度。

下面是动作细节：

- 在不借助手的情况下，尽可能地将脚移向臀部。（你好呀，腘绳肌！）
- 然后借助手的力量将脚拉得更近，但要让所有正在努力工作的相关肌肉保持激活。现在，你正同时使用内力和外力。
- 在所有相关肌肉保持激活的情况下，脚无法更进一步时，试着让脚保持不动，然后慢慢将手移开。

熟能生巧。每次瑜伽课老师指导你向后伸手抓住脚时，你都可以这样做。同样，你也可以在其他体式中借助外力来加深姿势，如前面提到的坐立前屈式和骆驼式。

亲爱的关节过度活动者，我们保证，只要你开始关注被动活动范围，并在这个范围内加入肌肉的激活，很快你就能感受到自己的超凡。

关于略微弯曲的时机

许多瑜伽教练意识到了过度伸展会有损关节健康，他们会善意提醒你："如果发现自己过度伸展，可以让膝/肘关节略微弯曲"。这是一个不错的提示，但我们还有更好的选择。

略微弯曲有过度伸展倾向的关节，可以保护其免受损伤。但这个方法只是个应急"创可贴"，并不能真正解决问题。关节过度伸展的原因是稳定肌没有很好地启动激活。

臀肌失活会造成膝关节过度伸展。除了臀肌，膝关节也利用其他肌肉的帮助来保持稳定，如阔筋膜张肌和内收肌。懒散先生和久坐魅娘正借机潜入你的身体，他们想关掉保护膝关节的肌肉，让你的韧带遭受拉扯。

战士三式中的锁膝（膝过伸）

同样，肩部肌群失活也容易造成肘关节过度伸展。

通过激活肌肉来练习关节的全范围伸展（而非过度伸展），对关节过度活动者来说有很大帮助。但需要注意的是，练习全范围伸展活动的初期可能会使肌肉疲劳。而疲劳的肌肉会停止工作，它们会说，"呼，练够了。现在我要睡觉，安静！" 所以，关节可以先从过度伸展变为微微弯曲，然后通过激活肌肉慢慢回到全范围伸展活动。这个过程中要密切关注关节承受的程度，以及你实际控制的程度。如果你难以坚持了，再回到微微弯曲位。

四点跪撑：肘关节过伸　　　　　　　四点跪撑：肘关节支撑良好

在这里也别忘记使用渐进式超负荷。哪怕开始时你肌肉只激活了0.1秒也没关系，只要逐渐增加时长即可。

重复性动作与多样性动作

人体的肌肉是三维的，身体是三维的——整个生命都是三维的！显而易见，以多维的形式训练，可以帮助你成为一个更优秀的运动者。

人体应该保持动态，避免长时间维持固定姿势。哪怕是姿势之间的衔接动作，也应该避免重复。许多瑜伽练习重复着相同的动作序列。这种方法对于建立技能确实很有帮助，因为每次重复这个动作，都会强化这个动作的神经通路。这是身体和脑的工作特性。

这种神经系统的适应性被称为神经可塑性。这里有一件趣事：我们在为这本书拍摄照片素材时，必须展示过度伸展膝关节、过度伸展腰椎等糟糕的动作，但我们惊奇地发现，现如今我们要完成这些动作已变得十分困难！

知识炸弹！

重复同样的姿势序列会削弱其他动作的神经通路。

轰

这些"不要做"曾经对我们来说是容易和舒适的。但现在我们已经有意识训练我们的身体不要过度伸展和拉伸韧带。现如今我们再做这些动作，会感到排斥和不适应。

神经可塑性不分好与坏。但当你一遍又一遍地重复相同动作时，就是在强化这个动作，置于其他动作之上，这样你的动作库就会越来越小，从而推着你从三维往二维迈进。因此，我们强烈建议你改变现状。

膝关节过度伸展导致过度拉伸韧带

例如：

- 对肩部力量要求较高的四柱支撑动作在一次瑜伽训练中通常要做几十次。所以我们建议你每次做的时候都要有变化。你可以外旋手臂，或者将手臂打开到比肩膀更宽，也可以弯曲并降低膝关节高度；另外也不必拘泥于让肘关节保持瑜伽教练常指导的、深受练习者喜爱的90°。

四柱支撑下背部反弓

四柱支撑变式

- 拜日式也可以有无数种变式。我们这里介绍3种变式：把脚移动到垫子的边缘；单腿完成；站在垫子边缘往回移动。你还能想出其他变式吗？

正如生物力学家、作家凯蒂·鲍曼（Katy Bowman）所说，运动就像食物一样富有营养。所以我们在摄入"运动食物"的时候也要考虑多样性。

改变运动除了改变活动范围、动作的方向以外，还可以改变动作的快慢，以及动作中承受的负荷量。

想象一下忍者的移动方式：奔跑，跳跃，踢腿，摇摆和旋转，还可以藏于阴影中隐秘爬行，甚至保持完全静止避免被发现。忍者之所以能做出如此多样的动作，依靠的是他们体内的肌纤维、细胞和生物电。

而我们也和忍者一样，拥有与生俱来的运动能力，能以各种方式运动，如果不让身体得到训练，这些组织和细胞就会忘记它们存在的原因，开始萎缩、变得虚弱。

作为瑜伽练习者，我们花费了大量时间练习缓慢的动作和保持静态的姿势，但很少动用更具爆发力、更快速的肌纤维。如果你在练习瑜伽的同时，还喜欢其他类型的运动，如跑步、跳跃或踢腿，那你的身体就会发展得很全面。但遗憾的是很多瑜伽爱好者除了瑜伽，并不喜欢其他运动。如果你属于这个群体，那练习爆发性的动作能让你更快成为超人，如踮脚跳。

这类运动利用了肌肉、肌腱和其他软组织的一种特性，我们称之为弹性。

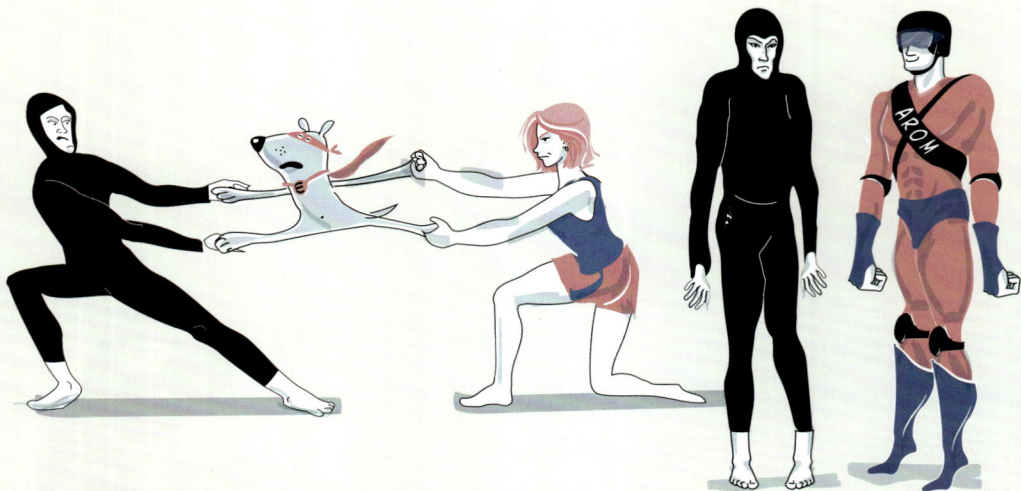

极客信息

弹性

组织的弹性赋予了人们跑、跳、弹震、快速变向和冲刺的能力。

弹性与柔韧性或力量无关，更多描述的是组织变形（被拉伸）后回弹成原形的能力。这种特性使身体具有了复原力和耐用性。张力可以让人获得更大的弹性，而关节过度活动者的身体中往往缺乏张力。

想象有一根 8 英寸长（约 20 cm）的橡皮筋和一根 8 英寸长的蹦极绳。橡皮筋更加松软灵活，双手把它拉伸开不需要费太多力气。但拉伸蹦极绳就费劲得多，因为它有更高的张力！

再让我们想想跟腱（足跟上方的绳状肌腱），它是跑步和跳跃运动的主要参与者。如果跟腱像一根橡皮筋，人们还能跳得那么高，跑得那么快吗？当然不能，所以大家肯定希望自己的跟腱更像蹦极绳。

换句话说，肌腱的张力越大，弹跳能力就越好。

一般来说，关节过度活动者的弹跳能力并不好，因为过度活动常常导致弹跳组织松弛。所以在跑步这件事上，他们甚至比僵硬的朋友要付出更大努力。

　　如果肌腱由于张力异常而失去了回弹力，那肌肉就必须接替它完成更多工作。这会让肌肉非常容易疲劳。我们不能让无法回弹的身体束缚我们。只要我们积极训练，弹跳能力也能得到提升。

　　我们想让你知道，运动的关键在于让脑认为一切都是"安全的"。所以，如果你正在努力建立新姿势，打破旧习惯，或者正在努力地让主动活动范围代替"懒散先生"，使关节在运动时更加稳定，那么你在学习新的运动方式时，就需要尽可能缓慢地移动。

　　想让脑完全投入工作，关键在于要利用渐进式超负荷来增加强度。我们建议你训练初期保持动作缓慢，逐渐增加一些负重。一旦你的身体和脑明白了"原来如此，这样做才是对的……"，就可以进入下一阶段——提高动作的速度，这是发展更大力量和更好协调性的方法。

　　在你熟悉的瑜伽练习中，找到一些缓慢动作，尝试着加快完成这些动作，以挑战你的协调性、平衡性和肌肉力量。说一些我们喜欢的例子：

　　直立姿势下，在拜日式中增加跳跃动作。把重心转移到脚趾上，踮起脚跟。利用跟腱的自然回弹力踮脚跳。如果感觉良好，可以把踮脚跳进阶至小跳，甚至是大跳。

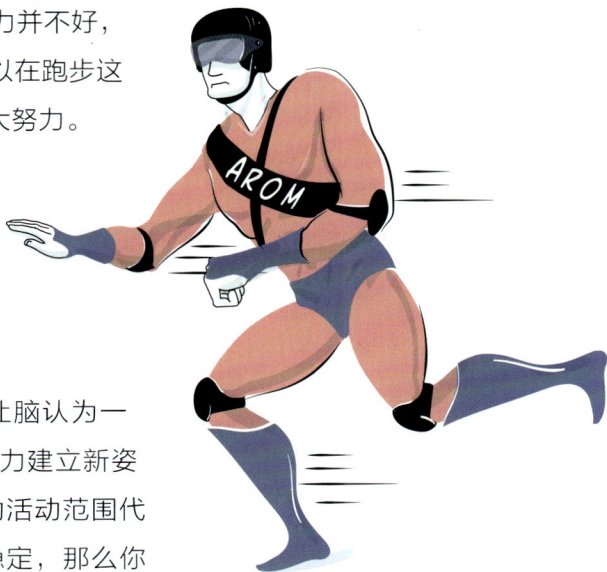

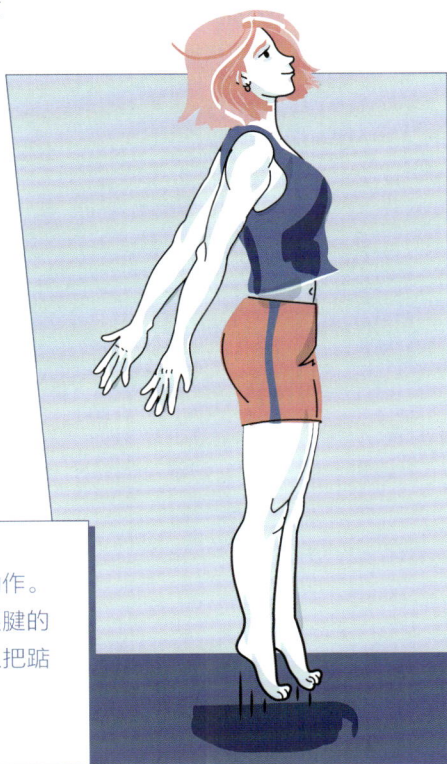

从新月式的弓步开始，后侧脚先向前迈步，将膝关节抬到胸前，然后再回到弓步。动作熟练后，可以加快抬膝的动作。如果你感觉良好，可以在抬膝时增加一些弹跳、单脚跳动作。

在幻椅式中，试着将一侧腿向后踢，然后再回到幻椅式。双腿交替向后踢，就像你正在踢走生活中所有的不快。

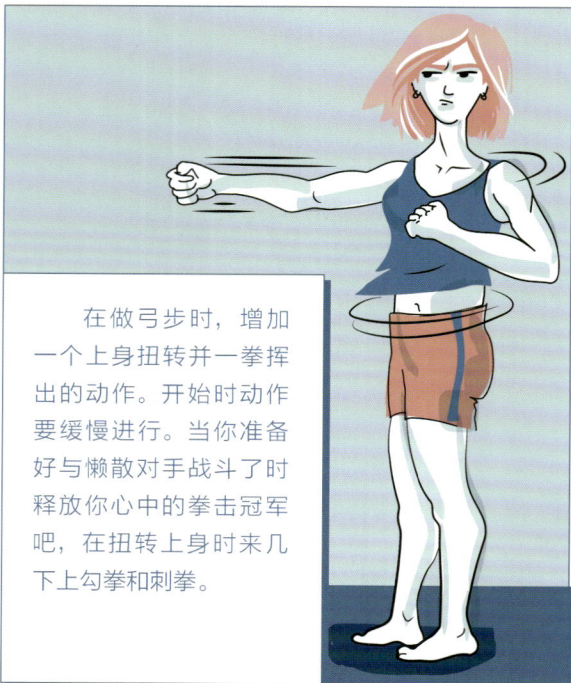

在做弓步时，增加一个上身扭转并一拳挥出的动作。开始时动作要缓慢进行。当你准备好与懒散对手战斗了时释放你心中的拳击冠军吧，在扭转上身时来几下上勾拳和刺拳。

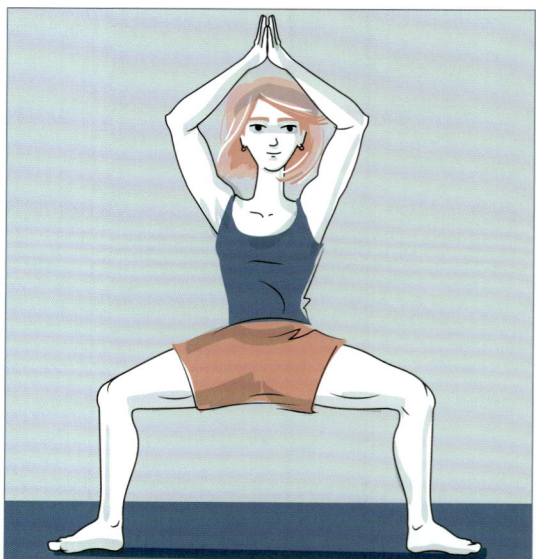

在女神式中，当膝关节恢复原位时增加一些踮脚跳动作。

告别错误提示

在最后，我们想重温两个错误提示。这两个提示在前面的章节中已经提到过，但值得在这里重复一遍，因为它们在瑜伽界中相当流行。

"下拉并后缩你的肩部"

这个提示可以在上犬式或引体向上中使用，但如果你的手臂要举过头顶，那就必须忽略这个提示。

手臂举过头顶的动作，例如：

- 幻椅式
- 弓步式
- 树式

或者在倒立位下手臂举过头顶的动作，例如：

- 海豚式
- 下犬式
- 手倒立

手臂抬高时，如果肩关节是自然运动，意味着你的肩部会向耳朵方向向上抬高。就像伸手去换一个灯泡或从高柜子上拿走一个盘子，你不会试图把肩关节放低远离耳朵。

此外，当练习肩关节承重的下犬式时，你是在使用"推动"肌肉。但如果你让肩关节远离了耳朵，这其实是在做拉的动作。把肩关节远离耳朵的动作留给引体向上吧。

仍然不太确定？可以再重温一下第七章中关于肩关节稳定性的知识。

肩部下拉后缩

"放松你的臀肌"

我们前面已经讨论过这个问题——在后弯姿势中要保持臀肌激活。

臀肌主动收缩

臀肌放松

实际上，主动放松臀肌的场景不多。做摊尸式或者趴在按摩床上被按摩师用肘抵住屁股的时候可以放松臀肌。

臀肌是人体最大的肌群之一，其作用是稳定骨盆。骨盆就在你身体的中间，因此它的位置不仅会影响下背部和膝关节的对位对线，还会影响肩关节、脚，甚至下巴的对位对线！

所以，你在做任何后弯动作时都应该伸展髋部，也就是大腿向后移动（在髋后方）。这个动作是通过激活臀肌来完成的。如果你在做后弯时放松了臀肌，可能会损伤下背部。

"但当我在做后弯挤压臀部时，腰部反而更疼了。"

如果这种情况也曾在你身上发生过，你有必要检查一下是否正确激活了臀肌。当臀肌无力时，则无法被有效激活，而且由于多年来臀肌缺乏适当的激活，实际上还是腰部肌肉在代替臀肌完成工作。

摸摸你的臀部，看看臀肌是否在收缩。在练习后弯或弓步时，我们需要激活臀肌来保持骨盆稳定。

软塌的臀部 = 姿势失稳　　　　　激活的臀肌拉住骨盆维持中立

"那我是不是应该像机器人一样，一直收紧臀部走路？"

不是！想想当你走路时，股四头肌和小腿肌群会激活吗？当然会！否则，人体就无法保持直立。但是，走路的时候我们并没有有意识地去收紧股四头肌或小腿肌，除非你是机器人。这时肌肉的激活程度正好允许你迈步。如果换成走上坡路，股四头肌的激活程度则会自动调高，而这也不需要你动用主动意识。

理想情况下，臀肌也是如此。但是如果你的臀大肌已经失活多年了，你可能需要先有意识地唤醒它。后弯动作是很好的起点。

主动收缩　　　　　　　　　　　　　激活不足

感谢那些竭尽全力的瑜伽和健身教练们

保持好奇心，你就可以成为英雄。

也许你已经感受到，我们想让所有关节过度活动者能够通过思考、专注、努力，增强关节周围的力量。而力量来自于时间、耐心和练习。毫无疑问，瑜伽是发展力量的好方法之一。

从现在开始，让我们把损伤留给极端运动狂热者和特殊事故，好吗？

如果你是一名瑜伽教练，一定会认同教好瑜伽并非易事，对吗？

你需要：组织好班级；清楚每一个体式序列；知道每个人体能的不同，因材施教；流畅地完成教学并获得大家的关注；控制好音乐、时间和室温；最后，亲力亲为给予学生们帮助，同时尽自己所能给每个人留下愉快的体验。

我们作为瑜伽教练，有时也会犯错，也许会给出错误的或者没有帮助的提示。

但最重要的是，瑜伽是一次探索自己内心的旅程。能够理解所有提示词，并知道如何根据身体需求进行调整，是练习瑜伽非常重要的一部分！

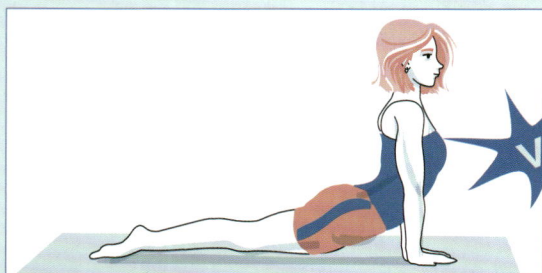

就像阿德利总会对学生说，"倾听身体的声音，跟随它的指引，而非我的指引。" 瑜伽教练只是引路人，真正的导师，其实是你自己的身体。

第十一章　对关节过度活动感到焦虑?

关节过度活动可能使你焦虑。

问题是，关于人体仍有许多未解之谜。即使是顶尖的医学专家和生化学家也难以回答一些看似简单的问题。

如果你认同"21世纪人类无所不知"这个观点，或许可以试着去寻找一些问题的答案，解释为什么手指长时间泡在水中产生皱纹，或者为什么人类会有指纹。很多问题甚至只有学说，如为什么男性有乳头，为什么皮肤有时会莫名其妙地发痒，或者为什么右脑控制着左侧身体等等。永远有"未知"事物等待着揭秘！

为什么身上会莫名其妙瘙痒？

为什么手指长时间泡在水里其皮肤会起皱纹？

为什么男性有乳头？

为什么右脑控制左侧身体？

为什么人类会有指纹？

只要花几分钟钻研一下生物学，就能发现我们无知，以及擅长"猜测"的证据。

人体之妙，值得我们去敬畏——即使它的复杂程度让我们感到惊奇和焦虑。细胞、激素、细菌和所有已知的、未知的物质之间的微妙平衡，共同构成了人体这个容器。要知道，即使人类已经拥有这副躯体很多年，却仍然对其知之甚少，更不用说制造出一台能复制出我们身体每天所做的事情的机器了。

那么，过度活动是怎样导致焦虑的？

焦虑，这又是一位我们关节过度活动者必须与之战斗的可怕反派，它被归于"不确定"名下，我们称其为"恐慌制造者"。

但还是有一些人致力于寻找答案。几项研究表明，焦虑在关节过度活动人群中更为普遍，并且我们知道这种类型的焦虑其实是生理性的——它不在你的头脑中，而是在你的身体中。

导致关节过度活动者焦虑的可能原因

关节过度活动与焦虑之间存在很高的相关性，其中一个解释是，血管的拉伸导致血液淤积，即血管壁的张力无法承受血液流动的压力，导致血液无法以应有的速度通过血管。请记住，关节过度活动不仅会使你的肌肉、肌腱和韧带过度有弹性，它还会影响你所有的软组织，包括血管。

想象将牙膏体装在气球里而非正常的牙膏管里，如果想将膏体挤出来，气球的拉伸性会让膏体往四周扩散，跑到气球的边缘，使你难以朝一个方向挤出膏体。

缺乏正常张力的血管也会有类似的情况。

而当血液因此发生淤积时，身体会产生反应——分泌肾上腺素！这种化学物质，通常只在身体受到高强度刺激的情况下才会出现，如濒临死亡。正是这种化学物质帮助血液在富有弹性的静脉和动脉中更快地流动。但随之而来的结果就是，我们会莫名其妙地经历濒死体验，哪怕是在走路去上班或在餐馆点餐这样正常的场景中，也会突然浑身颤抖和紧张。

对于关节过度活动者来说，这相当于在不间断接受肾上腺素静脉滴注，这就为恐慌制造者的到来，做好了充分铺垫。

另一种解释是，关节过度活动者更容易焦虑是因为他们身体的敏感性增加。

一些研究表明，关节过度活动者对外部环境以及身体内发生的事情有更强的意识。这包括伤害性感受，这个词用来形容对威胁的感知，它导致了疼痛的感觉。所以，如果你曾被告知"太敏感"或被称为"高度敏感的人"，你现在就明白了。这种焦虑不在你的脑里，它在你的身体里——确切地说，在你的弹性组织里。

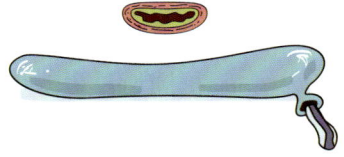

疼痛，以及对疼痛的感知，是非常有趣的话题，如果你对其感兴趣，可以从 www. greglehman.ca/pain-science-workbooks 这个网址上免费下载《康复策略：你的疼痛指南》（*Recovery Strategies: Your Pain Guidebook*）。

此外，关节过度活动者也可能因迷走神经遭受压迫而引发焦虑。颈部缺乏稳定性，意味着颈椎椎体会挤压身体中最重要的神经之一——迷走神经。迷走神经就像副交感神经系统的母神经——负责休息、消化食物和修复功能。因此，迷走神经受到刺激时，身体会产生平静的感觉。但如果一个人迷走神经无法将这些平静信息传递到身体的其他部位，这个人可能会一直处于焦虑、紧张的状态。

我们认为，明智的做法是将你所感受到的任何焦虑，都当作是迷走神经因素加上其他未知因素（如外部环境和可能正面临的任何压力）组合的结果。

也许有一天，每个人的焦虑根源都可以被直接查明，但在目前，这还是个令人头疼的问题。因此，要理解焦虑和过度活动之间的联系就令人头疼了。

但是在某种程度上，焦虑的原因并不重要；重要的是要学会如何处理它。

虽然我们肯定希望减少焦虑带来的痛苦。但要知道，痛苦和感觉是两回事。你可以感到焦虑，也可以意识到焦虑对身体、精神和情绪的影响，但你不必痛苦。当然，能做这点并不容易，需要花费一番工夫。现实世界并非为管理焦虑而运转。普通人被鼓励的生活方式，在很大程度上并不满足焦虑的人的需求。焦虑通常难以被理解或倾听。但即使经历这些，你仍不必承受痛苦。

我们有一个奇妙且强大的工具，存在于生命中的每一秒：你的呼吸。

有时候我们会把人体想象成一个复杂的机器，由各种部件和齿轮组成，它们共同工作以维持身体功能。这是一个很好的思考方式。但我们更喜欢把身体中的细胞看作是在一家大型物流公司中工作的一位位员工。公司内部有不同的团队，不同的业务领域，有小领导，大领导以及大老板。神经系统就像联络公司业务的电子邮件网络。从做文件归档和补充打印机墨盒的实习生，到做出关键决策的首席执行官，公司里的所有人都有自己的电子邮件地址，能够发送和接收信息。这样，才能确保重要的信息能够传达给正确的人。

焦虑就像四处散布的谣言，说公司的财政陷入困境，董事会打算解雇大批员工——都是假的。

呼吸就像给公司所有员工发邮件说："放松！一切如常，你的工作稳定！事实上，你要加薪了！"这是因为，呼吸是刺激迷走神经和副交感神经系统的最容易的方式，因此能唤醒身体平和与宁静的状态。

呼吸缓解焦虑

试试在接下来的10次呼吸中，张开嘴，以短而浅的方式快速吸气，同时绷紧腹部肌肉，使呼吸限制在肺的上部。

感觉如何？

现在换一种方式呼吸，用鼻子慢慢吸气，数到6，感觉肺（气体）向下充满腹部，向外到胸腔两侧。最后用鼻子慢慢呼气，再数到6。

感受到不同之处了吗？

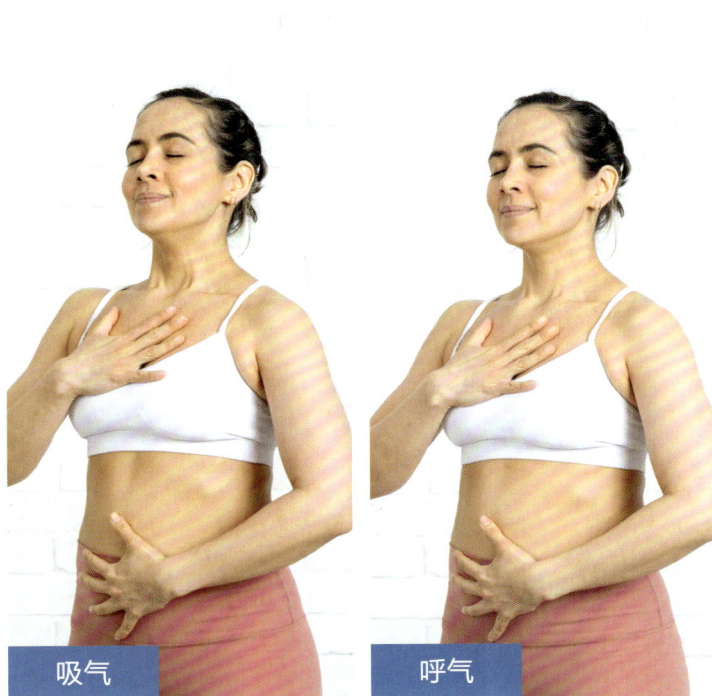

吸气

呼气

呼吸是强大的力量！但我们却总是忽略这股力量，因为它永远在起作用，即使在我们睡觉的时候。面对现实吧，不会有人因为呼吸得好而获得奥运奖牌，也没有杂志封面向我们展示最佳肺部图像。

但如果我们生活在这样一个世界：著名的呼吸强者在媒体上受到数百万狂热粉丝的追捧，我们甚至能无意中听到健身房里有人说："嘿，老铁，你的呼吸功能真强！"。或许在这个世界里，人们会更快乐、更健康。然而遗憾的是，在现实世界中，大多数人的呼吸都不是最佳状态。

正如你在我们推荐的呼吸活动中所感受到的，你的呼吸的方式控制着你的感觉。

我们前面提到的360°鼻呼吸法，常常在瑜伽课上受到热捧，通过这种方法，部分人可能有生以来第一次学习到正确的呼吸技巧。瑜伽修行者即使面对挑战，也能够维持鼻呼吸。但初学者往往难以自控，典型表现是：当运动强度比较剧烈时，嘴会张成O型，不自觉地从鼻呼吸转变为口呼吸。

口呼吸并不是好的呼吸方式。相比口呼吸，鼻呼吸有以下优点：

- 吸入的空气进入肺部之前，鼻孔和鼻腔能对空气进行过滤、湿润和加热。
- 狭窄且曲折的鼻腔通道迫使呼吸变慢，从而防止二氧化碳过快呼出。二氧化碳对于维持体内酸碱平衡至关重要。如果呼吸过快，会导致体内二氧化碳不断被排出而导致血液pH值升高，严重情况下甚至会引发呼吸性碱中毒。
- 鼻窦中有一种酶会产生一氧化氮，一氧化氮被输送到肺部并进入血液，能使血管舒张，对于优化细胞功能至关重要。

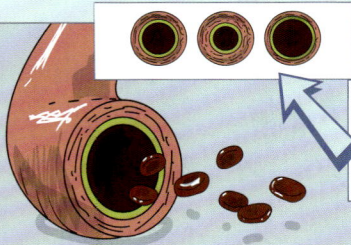

血管舒张 = 血液更好地流向器官 = 器官和肌肉的功能更佳

更好的脑功能 = 改善记忆力和注意力，可以记住更多美好的事物，专注于生活中伟大的事物 = 减少焦虑

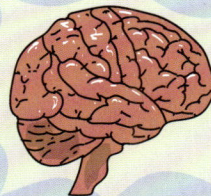

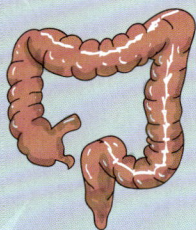

更好的肠道功能 = 更好的营养吸收和激素调节 = 身体整体平衡

更好的肌肉功能 = 运动功能提高 = 减少疼痛和损伤

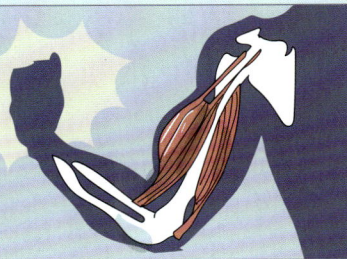

更好的性功能 = 更好的勃起（性唤醒）和性高潮 = 人人快乐

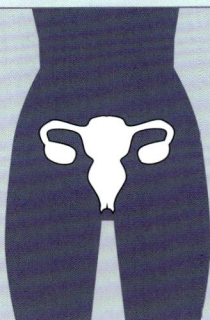

更好的免疫功能 = 更好的防御入侵者（有害的微生物）= 更好的健康

所以，我们由衷希望你能够将鼻呼吸这种呼吸方式运用到生活中的方方面面，让腹部跟随每次的吸气而扩张！

即使当你认为自身的焦虑与过度活动有关，看诊的医生却对其嗤之以鼻而引发你心率飙升时，要冷静，尽你所能地维持住鼻呼吸。

如果你处于紧张状态或者感到沮丧，就养成把注意力集中在呼吸上的习惯，用鼻进行舒缓、延绵、顺畅地吸气和呼气。

关于呼吸的更多信息

不同的呼吸方式会使身体发生各种不同的化学反应。尽管很想深入探讨，但我们还是想让这本书内容简单些。如果你想了解呼吸以及它是如何发生的，可以查阅下面的资料：

The Oxygen Advantage: The Simple, Scientifically Proven Breathing Techniques for a Healthier, Slimmer, Faster, and Fitter You
by Patrick McKeown

Activate Your Vagus Nerve: Unleash Your Body's Natural Ability to Heal
by Dr. Navaz Habib

Exhale: 40 Breathwork Exercises to Help You Find Your Calm, Supercharge Your Health, and Perform at Your Best
by Richie Bostock

焦虑与神经可塑性

让我们回顾一下，关节过度活动者更容易焦虑，是因为：

- 富有弹性的血管导致肾上腺素分泌过量。
- 对疼痛和那些无法解释的"直觉"更加敏感。
- 松散的关节可能会抑制某些神经正常发出信号。

就我们所知，目前还没有办法能让血管或韧带变得更"紧"。但当你理解了神经可塑性这种神迹般的力量时，这就无关紧要了。这就是我们在一直在讨论的：改变习惯和模式。

知识炸弹！

辜负我们的是身体模式，而非我们的身体。我们的习惯形成了这些模式。

轰

一切都始于神经系统。你的一举一动，一呼一吸，都在懒散先生的监视之下。身体的每一项功能都是由神经系统相应的神经模式决定的，而神经系统不断地在适应和改变。所以你不会被任何事所困。

你不会被松散的关节卡住，你不会被焦虑的想法困住，你不会被疼痛的姿势束缚住。你不会被困在任何你想要改变的情况中。

是时候介绍一位住在我们所有人内心深处的"秘密神探"了，他能探查人们独特的需求和怪癖。归根结底，还是科学不够先进，无法解答我们作为个体所面临的所有问题。身体、脑以及它们的协同工作太复杂了，这本书、搜索引擎，再加上医生，都无法回答你的全部问题。

让"秘密神探"去解读能够触发你的事情，让你平静的事情，对你有帮助的环境，以及阻碍你战胜恐慌制造者的经历。我们相信，你真正唯一的导师是你自己。所以，让秘密神探开始工作吧，让他把一切与焦虑相关的事情看作是一个个有待解决的谜团，一个等待破解的编码信息。

为了让"秘密神探"有效地完成工作，你需要遵循一些简单的步骤。

第一步：停止倾听自己的想法

你的思想是由你的"自我"和你周围的信息所支配的。简单来说，脑就像一个不知天高地厚的少年，只看了几个短视频（只学到了一点皮毛），就认为自己懂得了世界如何运作。

然而人类已经进化了很长时间，随着时间的推移，人体里有一种脑也无法理解的智慧。我们人类已经拥有了将任何东西送货上门的技术，甚至可以太空旅行，却仍无法理解身体的许多运作方式。人体像是在说，"等你长大了就明白了，孩子。"

所以，要留心身体的智慧之言，不要再听取自大少年的思想了。

当所做决定是基于你的想法而非感受时，就要注意了。举例来说，你在瑜伽课上做深后弯是因为你的"自我"告诉你这样看起来很酷，而你的下背部却害怕地说道，"我们……可以不这样吗？"，或者你发现自己吃零食是因为脑（食欲）告诉你该吃了，而不是因为你真的感到饥饿。

远离自大！

第二步：实践

身体的无声之语意味着我们有时难以破译它的需求。它通过疼痛、活力、疲劳、心情好、心情差、脑雾、警戒、腹胀、睡眠良好、睡眠不足等状态和我们对话。

为了弄清楚身体的语言，你必须尝试不同的事情，以科研人员的心态去关注食物、运动或其他经历，找到那些反复让你感觉良好的事物。实战并观察结果是听从"身体导师"建议的最佳方法。

第三步：活在当下

我们总是急于回答问题答案，解决问题，实现梦想。但请记住，尽管我们的思想已经被技术驱动的快节奏世界所包围，但我们的身体却处在另一个完全不同的世界中——缓慢流动的自然节奏。

你可能经常坠入一个陷阱：希望身体能立马完成一切事情——伤口立即痊愈，周末放纵摄入的过多热量立即被消耗。虽然这一切并不能立即发生，但脑却可能因此变得极具控制欲，想尽办法来加速完成这些事情。

事实上，你只需要腾出一点耐心，关注现在的感受，就能很好地聆听身体正在发生的事。

秘密神探正在尝试训练易拉，但这要花很长时间！

像任何事情一样，这些步骤需要练习，这是一个不断学习的旅程！身体在不断地适应，它的语言也会跟着发生轻微的变化。这正是它如此美丽的原因！

关于神经可塑性的更多信息，我们强烈推荐诺尔曼·道伊奇（Norman Doidge）的《重塑脑，重塑人生》（*The Brain That Changes Itself: Stories of Personal Triumph from the Frontiers of Brain Science*）一书。这本书讲述了几十个人通过神经可塑性改变处境的故事。

第十二章　关节过度活动与肠道问题

本书的大部分内容都来自两位作者的共同观点。但在本章，大部分内容以阿德利的视角所撰写，反映了她的经历。

我有些沉迷于研究消化功能。人们总是容易受到身体里无法正常发挥功能的部位的困扰。

但是，正常的肠道功能是什么样的？为了了解它，我们可以带着问题去寻求答案：消化系统的作用是什么，它对人体如何起作用？

简单来说，这个问题的答案就是将食物分解成营养物质，供细胞完成正常代谢，并排出对细胞无用的废物。

当然，事实远比这复杂得多，但这些都是最基本的功能。肠道功能越好，食物转化为可用营养和能量的效率就越高。因此，任何破坏这一功能的问题都可以被认为是"肠道问题"。

我的肠道功能一直不佳，我经常纳闷，"为什么我的大便总是不成形？为什么吃了某些食物后会感到腹胀疼痛？为什么有时还会在便便里看到一些未消化的食物？"毫无疑问我会想，"得去看医生找出答案！"于是在接下来的几年里，为了寻求答案，我看了美国、英国和澳大利亚的医生。但在看完我的血液和粪便的化验单后，每个医生都给了我同样不以为然的回应，类似于"你的身体没有什么问题，来医院干什么。"

据我们的经验，带着一大串烦人但不会危及生命的症状去看医生，最多只能得到一句礼貌的回应，"如果病情加重，再来找我"。

可以肯定的是，不仅是关节过度活动，也是整个西方医学的一大弊端，就是没有认识到一切事物之间的相互联系，以及人体自我调节能力的优越性。这些恼人但不会危及生命的问题是身体在委婉地说："咳咳，很抱歉打扰你……我们能试试别的东西吗？这对我不起作用。"

这些烦人的问题若无法及时处理，身体会持续忍受痛苦几个月，几年，甚至几十年，直到身体开始尖叫，"我再也受不了了！"——更极端的问题产生了。

也许你只是有些轻微的烦恼。而我，不得不说，有点公主病，哪怕是最轻微的不适也无法忍受。所以没忍耐多久，我就宣布："这种感觉太令人讨厌了，我要让身体一直感到舒适。"

这就是我开始沉迷于研究自身消化能力，并踏上自我救赎之路的起因。

还记得在第十一章中登场的秘密神探吗，他擅长调查的不仅仅是焦虑，我也决定聘请他来解决我们肠道问题。

我的问题不仅限于便秘和腹胀。尽管我饮食健康均衡，睡眠充足，但仍觉得倦怠和虚弱。我的脸上长满了囊性痤疮。每一顿饭都让我感到忐忑，因为我不知道哪些食物是我能吃的，哪些食物可能会导致我几个小时的腹胀。不过谢天谢地，这些日子已经成为过去式了。

当深入研究消化的奇妙之处时，我学到了一件事，就是身体高效消化食物的能力会影响身体的每一个方面，从激素到脱发，从情绪到记忆。

关节过度活动者的消化问题

与没有关节过度活动的人相比，关节过度活动者有着与众不同的经历，如消化不良或胃酸反流。与关节过度活动高度相关的消化问题有一大串，例如：

- 腹壁撕裂
- 胃酸反流
- 腹胀
- 便秘
- 胃排空延迟
- 腹泻
- 食管裂孔疝
- 肠漏
- 疼痛的胀气
- 几乎所有与消化系统有关的问题

为了节约时间，我们在这里暂时略过科学原理，简单来说，就是关节过度活动者的消化器官同身体的其他部位一样弹性过度，所以可能会因此遭遇消化问题。

如果食道弹性过度，那无论食物重口还是清淡，被胃酸消化的食物回流的可能性都会变大。如果肠壁弹性过度，那无论肠道菌群多么平衡，可能都难以将粪便排出体外。另外，由于肌肉之间松弛的纤维会将部分肠道推到异常的位置，这可能会使人感觉肠道蠕动缓慢或引发疼痛。

懒散姿势吃饭

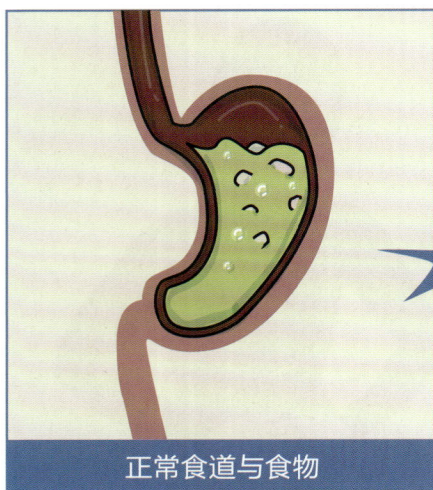

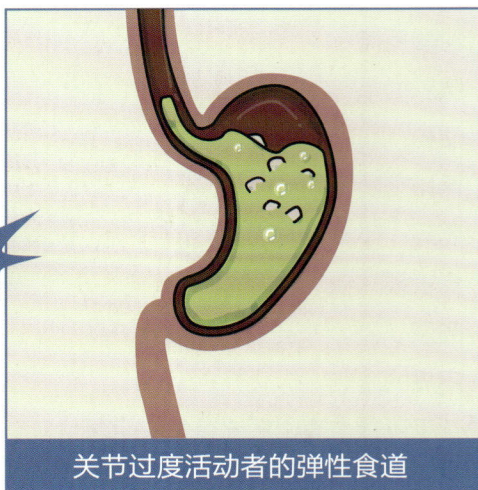

正常食道与食物　　VS　　关节过度活动者的弹性食道

也别忘了神经系统。不良的姿势和脊柱的不稳定会导致负责消化器官的神经系统出现功能障碍（参阅第三章）。

但要注意，消化问题也可能与关节过度活动完全无关。遗憾的是，如同焦虑一样，你的消化问题可能多年来一直是个谜。不过，不必对此感到沮丧！可以把管理消化问题看作是一种倾听和了解肠道与饮食之间关系的方式，通过它来感知压力是否过大，睡眠充足与否，锻炼是否得当，以及月经周期如何。把每天的管理过程都当作是一次实践。

为消化系统的健康而吃

你可能想知道，阿德利做了什么调整？我自己该怎么做？

但模仿他人是条危险之路。朋友，请记住，对别人有效的方法，对自己不一定有效。我们必须努力找出最适合自己的方法。所以在这一部分我们无法提供针对性的饮食建议。不过，这里有一些普适性的建议，你可以记下并应用到实践中去。

与引起消化问题的模糊和复杂的原因不同，解决方案（大部分）简单明了：以自然的方式食用天然的食物。

我们无法告知你什么才是最合适你的饮食模板，是该成为素食主义者还是肉食主义者？是该添加营养补剂还是停止食用这种或那种食物？你需要有自己的饮食观，并且这种饮食观应该基于对食物的科学研究，再经过实践验证，找到那些让身体感觉良好的食物。我们希望你可以从这个角度出发，去思考所选的食物种类、进食的分量以及进餐的频率和时间。

无论是否存在关节过度活动，身体在很早之前就已完成进化，能将植物、动物、真菌和细菌转化为营养物质和"燃料"。而如今，农场中培育着单一作物，它们被分解、提炼，然后在工厂里被加工制成14种不同的配料，再用塑料袋分装成外观完美、能长期保存的零食和正餐，在荧光灯的照射下塞满超市货架。

也许你已经理解了我们想表达的内容：食用天然的食物，如吃一个完整的苹果，而非塑料包装袋里被糖和添加剂包裹的脱水苹果片。

如果你还未尝试这样做，可以先从查阅食品包装上的成分表开始。制造商在食物中使用添加剂，为的是使食物更美味，更受消费者青睐，从而获得更高的销量。没错，你爱不释手的曲奇饼干并没有如同广告词中所说，能"滋养你的灵魂"，而是实实在在地欺骗了你的脑和身体，让脑和身体误认为你正在获得一种高密度能量，可以以脂肪的形式储存起来，以备在"匮乏时期"使用。然而，这在21世纪的生活中，很难出现"匮乏时期"。

无论你的体型如何，这些美味但可怕的成分，都可能会在你的体内造成严重破坏，而这肯定也无助于预防疼痛或疾病。

一般来说，食物越接近原始的状态，就越值得食用。话虽如此，生食也有一定弊端——消化率较低，同时会使排出的气体变得难闻。而烹饪能使许多食物更容易消化，所以放心去烹饪吧。

同时也要注意那些无论生熟都会让肚子出现奇怪反应（胀气、放屁、疼痛）的食物。先暂时避开这些食物，看看是否会让你感觉不同。常见的刺激物包括：

鹰嘴豆，扁豆和其他豆类

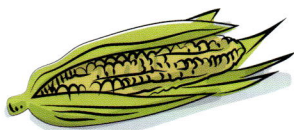

玉米

乳制品

鸡蛋

谷蛋白，尤其是小麦

大豆

未烹饪的十字花科蔬菜（西蓝花、球芽甘蓝、花菜、羽衣甘蓝等）

这是一份常见的会刺激肠胃的食物名单。不过要是其中一些是你的"超级食物"，太好了，别犹豫，吃下去！

和糖分手

最难摆脱的食物可能是糖。当人类还是毛茸茸的小型双足动物，需要为了食物而狩猎与寻觅时，糖是一种罕见的即时能量来源。所以我们的祖先学会了喜欢它，一得到它就狼吞虎咽。但现在糖无处不在，甚至隐藏在不甜的食物中。

大幅度减少糖的摄入量，身体的健康会在各个方面得到改善。在这里，我们主要关注以下三方面事实：

- 糖不仅仅是洒在甜甜圈上的白色粉末。它还存在于蜂蜜、枫糖浆，甚至是苹果中。尝起来有甜味的东西几乎都含有糖。大多数天然糖是果糖和葡萄糖的结合，包括食品店里受人们喜爱的椰汁和龙舌兰糖浆，以及被人诟病的白糖和高果糖玉米糖浆。它们都是甜的，都含有糖。

- 所有的糖都具有炎症性，会导致身体发炎。炎症会导致疼痛——不仅仅是肠胃痛，还有关节痛、肌肉痛、头痛和背痛。这些类型的疼痛都可能由炎症引起，糖则会加重炎症。

- 糖具有成瘾性。如果你习惯了每天喝几罐含糖苏打水，或者在早上喝咖啡时吃一块蓝莓松饼，那请做好戒断的准备。不过，你会克服这个困难的。

但也不必因此而不吃任何类型的糖。你可以时不时地犒劳自己，享用那颗准备好的苹果。苹果虽然含糖，但有不少其他好处，例如，它含有丰富的纤维素和维生素C。所以，比起完全戒掉糖，更好的方式是关注所吃食物中的含糖量，尝试用含糖量更低的食物代替含糖量高的食物。你不妨实践看看，如果没有了含糖苏打水或蓝莓松饼，你是否会感觉更好。

监控饮食习惯

消化系统的健康，不仅关乎于吃什么，还关乎于如何吃、何时吃、吃多少。身体在消化食物时，会完成一些你可能不知道的事情：将一颗苹果或一把核桃转化为"燃料"。身体将食物分解成维生素、矿物质、碳水化合物、脂肪和蛋白质，提供给细胞，细胞才能继续工作。这太酷了！但这过程本身也需要耗费能量。

因为身体必须努力工作来消化食物，所以睡前吃东西可能对睡眠有害。同样，大吃大喝可能会给消化系统带来更大负担，所以要注意控制食量、进食的频率和时间。对此，每个人都有所差异，所以这方面的建议也只能给到这。

最重要的是，注意你的饮食习惯。你是否会边走边吃？是否会开车时吃东西？是否吃东西时狼吞虎咽？

慢速和正念饮食促进良好的消化

如果你对上述的任一问题的回答是肯定的，或者你发现了其他不太理想的饮食习惯，我们则建议你在用餐前花点时间做几个缓慢的深呼吸。然后，在用餐时尽可能细嚼慢咽，而非狼吞虎咽。

消化属于副交感神经系统（负责休息、消化和修复）。当我们放松和平静时，身体的消化功能最佳。因此，请为消化系统创造一个良好的环境来帮助它完成艰巨的工作。

以上内容听起来似乎过于简单，甚至显得不真实。特别是在现在的社会中，好像每个解决方案都需涉及处方药或复杂的医疗策略，如果没有医生的帮助，我们就无法实施，但实际上，只要减少摄入深加工食品并且细嚼慢咽，就能对肠道健康产生奇效。

恼人的肠道有伪装的超能力

如果你遇到的消化问题通常只在饮食不良和生活方式糟糕的人身上出现，那么可能是你关节过度活动导致的。这并不是说你做错了什么，这其实是你的超能力。

为什么说这是你的超能力？因为你有更高的敏感性。或许你已经放弃食用小麦或糖，比朋友更有动力不喝酒精饮品——因为你更清楚这些物质的危害，而且你的消化系统也不像其他人的那样容易消化这些物质。

也许，我是说也许，我们也拥有像易拉一样的超能力，它灵敏的嗅觉能察觉患者患有癌症，而我们也能敏感地发现食物中的轻微毒性。这让我们能从其他人不具备的视角观察现代饮食，发掘其中有害的东西。这些有害的东西对其他人可能只是无益，而对我们则会产生严重的影响。

也许从现在起，在选择食物时你会更多关注它是否让你感觉良好，其次才是它是否好吃。

脑与饮食习惯

最后要记住的一件事是，正如我们经常提到的那样，我们必须考虑到脑的特性。

细想人们在饮食方面做出的选择，与其说是有意识地做出选择，不如说是潜意识的习惯性冲动。饮食方式、依赖于饮食习惯的情感联系以及脑之间有着迷人且深刻的联系。

但这就是另一本书的内容了。

我们将把这些美味的"食物"留给你思考：

你可能已经意识到你可以甚至应该对食物做出不同的选择，但无论你认知有多么

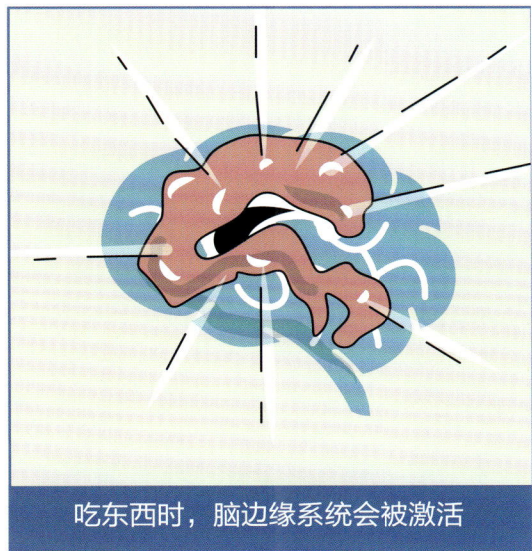

吃东西时，脑边缘系统会被激活

深刻，都似乎难以坚持下去，那么请注意，这可能是脑的惰性导致的。脑喜欢安全和高效，这意味着它不喜欢太多改变。改变需要精力，也有风险。

所以要将注意力更多放在脑，而非食物上。给自己一个想要改变习惯的理由。把这个理由写下来，并且大声说出来。

　　此外，可以把积极的情绪和新的健康习惯联系起来。即使你还没有自主感受到积极情绪，也可以假装拥有它，直到真正感受到积极的情绪！告诉你自己，"我很高兴能吃/不吃这个食物"。

　　现实中，关节过度活动的朋友们大多不会根据已知的情况做出决定，而是根据自己的感觉。心理学研究一再表明，我们人类在生活的各个方面都受感情支配，而非理性。

　　那就趁这次，搞定消化问题吧！

第十三章　关节过度活动与疲劳

如果你非常容易疲劳，感觉就像穿着厚重的棉袄在游泳，那么下面这个消息或许能让你松口气——这可能是因为关节过度活动。

虽然这个信息并没有提供任何治疗方法，但我们认为，了解了疲劳的原因，明确了不是自己做错了什么，这本身就是治疗。别担心，我们为此准备了一些建议给你。

疲劳的可能原因

关节过度活动者更容易疲劳，并且更可能患上慢性疲劳综合征（chronic fatigue syndrome，CFS）、肌痛性脑脊髓炎（myalgic encephalomyehtis，ME），以及纤维肌痛。与患上焦虑和肠道问题的原因相同，关节过度活动者全身布满弹性过度的组织，这意味着他们必须付出更多努力完成正常的生命活动！身体组织竭尽全力，夜以继日才能完成日常所需的基本功能，如泵血、消化食物，维持直立。对于一些关节过度活动者而言，仅仅是活着，就足以造成疲劳。

失眠在关节过度活动者中也较为普遍。即使睡着了也可能因为肾上腺素分泌而无法得到安稳的睡眠。长期缺乏良好的睡眠，无疑会对你的身体产生连锁反应。如果你对此有异议，并不认为充足、舒适的睡眠是对健康最重要的事情之一，那么不妨去了解一些关于睡眠重要性的研究。

对于疲劳（以及疼痛和焦虑）还有一个更有趣的解释：这是脑想让你停下脚步的方式。在易拉（代表神经系统）的帮助下，已经明确了神经系统的首要任务是保证安全。

一起唱吧！"啊哈哈哈，正活着，正活着呢"（Ah, ha, ha, ha, stayin' alive, stayin' alive.）

不管发生什么，脑的第一目标都是活下去！所以它会尽其所能减少可能的威胁。如果懒散先生、被动活动范围、特伦德伦堡或其他任何恶棍图谋不轨，在身体里鬼鬼祟祟，善良的易拉（神经系统）会比任何一块稳定肌超级英雄更早注意到。易拉会做出"战斗、逃跑或冻结"的反应。大多数时候，它会产生冻结的反应。

想象一下：你在散步时扭伤了脚踝。当扭伤的脚踝给你的脑带来剧痛时，接着发生了什么？你停止了行走！易拉（你的脑）会记住这个经历——"疼痛让身体停了下来。"

或者，你又一次在散步，这一次你不停地走，最终累得精疲力竭。那你会怎么做呢？还是停止行走！易拉又会记住——"疲劳也会让身体停下来！"

这些姿势不好！该做什么？我知道！

于是，若干年后，你在瑜伽课上，在老师的"帮助"下完成极限体前屈，或者跑步时没有激活臀部肌群，又或者因工作繁忙，以不良的姿势被困在办公桌前10～12小时，所有这一切易拉都会记住。

于是，你会感到极度疲劳。或者尽管没有实际的组织损伤，你却开始感到疼痛。对你来说，这很糟糕。但易拉却坐在那里得意洋洋，想着："危险消除了！"

这就是为什么理解前几章的内容会很有帮助！当你把稳定肌、主动活动范围和力量结合在一起时，反派们便不会再来"敲门"。神经系统得到放松，你也会感到精力充沛且不再疼痛。

阅读关于疲劳的文章可能会让你的眼皮变得沉重。你可能会想着休息一会儿再来阅读这章的剩余内容。休息非常重要！

危险消除了！

欢迎回来。我们希望你睡了个舒适的午觉。如果你的脑渴望了解更多关于关节过度活动和疲劳的信息，那就继续往下看吧！

肾上腺素分泌过多

正如我们在焦虑一章中所讨论的那样，为了应对弹性过度的血管中的血液淤积，身体很可能会产生额外的肾上腺素。随着肾上腺素的不断飙升，关节过度活动者可以保持持续运动。想想人们在肾上腺素突然激增时所能完成的壮举吧——但是人们总是在事后感到惊慌和疲惫。

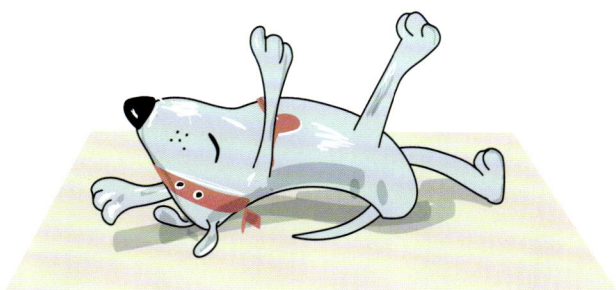

也许你有过这样的经历，健身课上教练（非常善意地）一直鼓励你："不要停！你还能释放出更大的力量！坚持下去！"优秀的你可能会想，"好，我可以！坚持住！"结果在下课后，你累得几乎无法举起水杯。虽然班上其他人看起来都同样疲惫，但你却与其他人不同——身体更加难以恢复。你回到家中，躺在沙发上，发现自己一整天中都无法动弹。

也许你不需要去参加健身训练营就能有这种感觉。对一些关节过度活动者来说，仅仅是冲个澡，把音乐声音调大，唱几句摇滚，或者周末在商场里找不到中意的衣服，这些都足以让你去看医生，想知道为何如此不适。而医生很可能会说，"你没事，血常规报告没问题"。甚至你可能会被医疗专家质疑，他觉得你过于娇气。

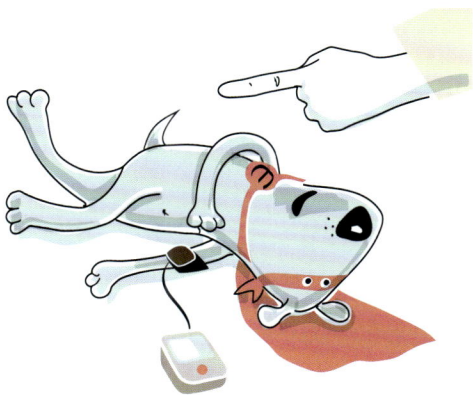

"这是因为大多数医生还没有把症状背后的事情联系起来。"

我们已经知道了。但是，好吧是的，你是对的。

颈椎失稳

疲劳的另一个可能原因是颈椎失稳。我们在第十一章讨论焦虑时提到过颈椎失稳也会引起焦虑。在这里我们会进一步展开分析。

颈椎失稳可导致迷走神经受压。迷走神经是副交感神经系统的母神经。还有其他神经也穿过这个区域，它们都负责自主神经系统的休息、消化、修复和放松部分。

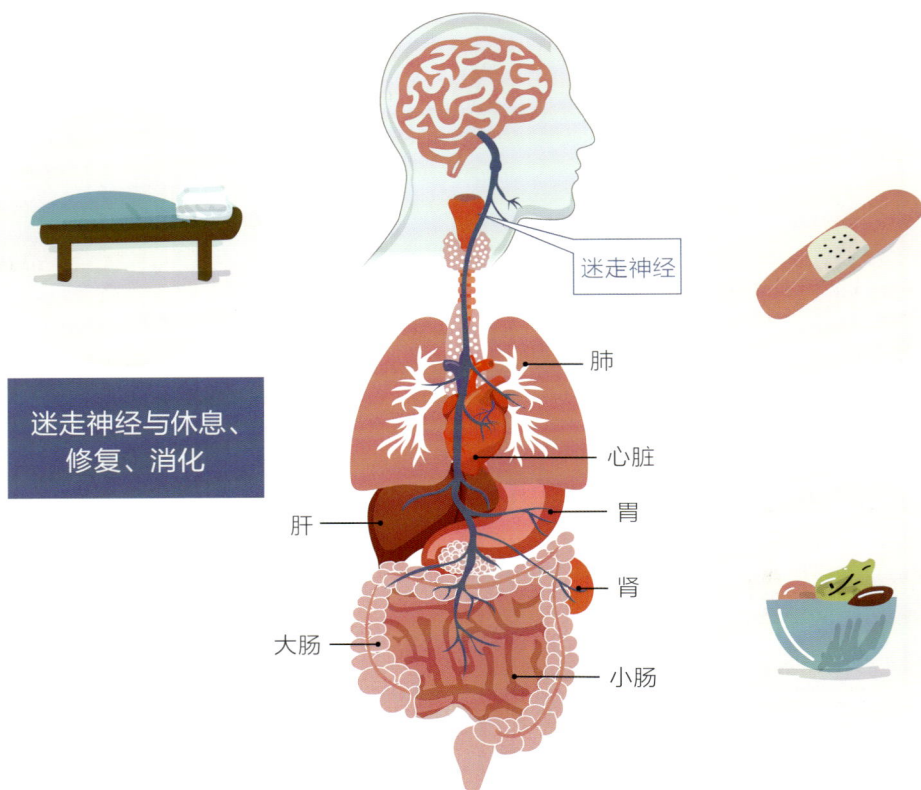

迷走神经

迷走神经与休息、修复、消化

肺
心脏
胃
肝
肾
大肠
小肠

所以你可以这样去理解：如果颈部没有维持正确的姿势，那些发出放松信息的重要神经，就会被压迫。这种压迫使"一切安好"的信息无法传递出去。

由于关节过度活动者的颈部特别容易出现不良姿势，所以负责放松的神经会变得沉默，想发出"嘿，哥们，放松"的信号，却无法出声。如果你的身体没有接收到这种信息，那么它很可能会处于交感神经状态。

压力和交感神经系统

　　而在另一边，"准备战斗"的交感神经系统可能也发挥了作用。一些患有慢性疲劳综合征和其他严重疲劳相关疾病的人，会将疲劳归咎于生活中的压力事件。也许他们在准备考试时感染了病毒，导致他们生病数周；或者他们经历了亲人的死亡，并在葬礼上发生了严重的食物中毒事件。这些事情给他们带来了巨大的生理和心理压力，发生这件事后他们就变得与以往不同了。神经系统经历了"压力过载"之后，重新学会了一种新的生存方式：与疲劳相伴。

　　交感神经系统使人能够应对压力。比如说，准备向喜欢的人发出约会邀请，或者告诉老板再不加薪就辞职。面对这些令人紧张的事可能会让交感神经系统亢进，使人忐忑不安。此时交感系统会说："帮我拿着啤酒，让我搞定他（就像在酒吧里准备干架）。"

　　这种处理压力情况的方式，来自人体在经历真实危险的日子里的进化过程，如逃离猛兽捕食者。当你的交感神经系统进入应激状态，你会感觉到肾上腺素飙升，这意味着身体已经准备好做以下3件事之一：

- 战斗——和猛兽来一场拳击比赛，你认为你有机会获胜。
- 逃跑——如果猛兽上了年纪，动作有点慢，这可能是合理的？
- 冻结——"也许我纹丝不动，猛兽就不会注意到我"的策略。

　　然而，如果你的神经系统陷入了"也许我纹丝不动，猛兽就不会注意到我"的反应中，那么你可能会感觉被困在冬眠状态中，无法放松或休息。自主神经系统此时容易出现故障，无法识别威胁已经消失或者根本就不存在。结果就是，即使是面对日常的轻微压力，身体也会不堪重负，如在一场突如其来的倾盆大雨中全身湿透，或者在飞行旅途中忍受哭闹的婴儿，这些事情通常都没什么大不了的，但被困在"冬眠"状态中的身体却难以应对。

你可能感觉自己总是处于"冻结"状态，造成这种状态的原因归结于神经系统。简单的解释是，脑如果判定身体处于"冻结"模式（保持不动）才更安全，就会让你一直处于这种状态。补救方法是，当你没有进入"冻结"状态时，就"哄骗"你的神经系统你现在是安全的。

我很安全……

如何对抗疲劳

我们描述的那种疲劳，你感觉熟悉吗？也许你不会感到如此极端的疲劳，但你有没有觉得，周围的人不知道用了什么秘法，总是能保持精力旺盛，而自己却做不到？不管怎样，我们的应对方法是：

休息。

看似简单，对吧？

但让我们看看真正的休息是什么。区分"坐在那儿"和"让身体完全进入休息和修复状态"很重要。你有没有经历过坐在柔软舒适的沙发上看恐怖电影，或者躺在床上发短信和他人争吵？在这种情况下，即使躺在柔软的沙发上，肌肉也在休息，但你却无法得到真正的放松。

实现真正的放松

深度放松实际上是一项巨大的挑战，特别是在我们已经习惯于娱乐和注意力被分散的现代世界。如果你认为真正的休息听起来很简单，那可能是你并未真正体验过。因为事实是这样的：深度放松比任何健身课或瑜伽课都难，比定期用牙线清洁牙齿和丢垃圾更需要自律。

扪心自问，你能做到不听音乐或不听播客，只保持静默吗？诚实回答。在公交车上，你会只是坐着盯着窗外，还是觉得有必要看看书，刷刷手机，或者和朋友聊最新的八卦？

闭上眼睛静坐，进行简单的呼吸（这甚至可以称之为冥想），这确实是一种技能，因为一开始尝试时真的、真的、真的难以完成。不过，通过练习你会变得更好。它的难度在于，静坐时你会产生一些混浊的想法——心灵中更黑暗、更不安的部分。包容这些混浊的想法是值得的。就像夜晚和白天都是生活的一部分，你在阴影中感受到的不安，和在阳光下的兴奋一样，都是生活的一部分。

作为关节过度活动者，可能更需要帮助身体放松和恢复。下面是一些建议：

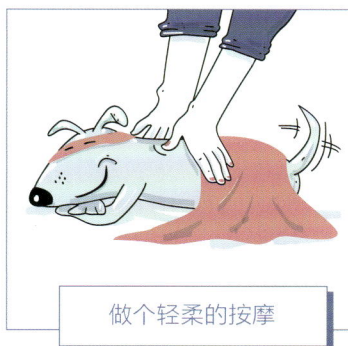

做个轻柔的按摩

进行安静的呼吸训练

冥想

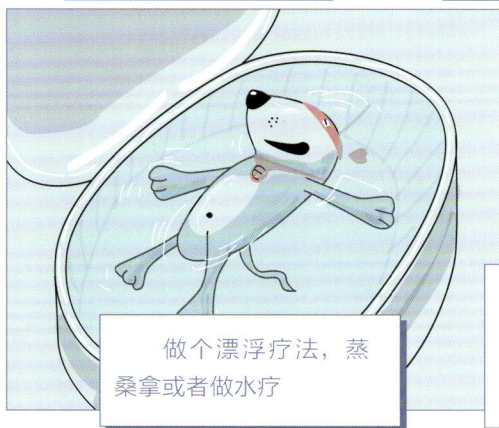

做个漂浮疗法，蒸桑拿或者做水疗

避免有压力的活动，不仅包括参加 HIIT 课程或进行冰浴，还包括和负能量者玩耍，摄入过量的咖啡因，或优先考虑工作或社交而非良好的睡眠

1 在日常生活中，专注于鼻呼吸而非口呼吸。

2 同样，在日常生活中要专注于膈肌呼吸；确保自己没有紧绷腹部，只向上吸气到胸部的习惯。

3 练习 4-7-8 呼吸法：吸气默数到 4，然后屏气默数到 7，最后缓缓吐气默数到 8。可以通过鼻腔呼气，也可以通过噘嘴呼气（后者对于从快速呼吸中平静下来特别有效）。1 分钟大约可以进行 4 次这样的呼吸。必要时重复练习。

4 练习等长呼吸法（Sama Vritti）：吸气数到 3；屏住呼吸数到 6；呼气数到 3；屏住呼吸数到 6。必要时重复练习。

5 练习纳地净化调息法（nadi shodhana），又可称之为鼻孔交替呼吸法：用右手的无名指堵住左鼻孔，然后通过右鼻孔吸气；然后用右手的拇指堵住右鼻孔，同时松开无名指，通过左鼻孔呼气。然后用左鼻孔吸气，用右鼻孔呼气。循环练习。可以融合上面的呼吸节奏（4-7-8 或 3-6-6-3）进行呼吸，甚至可以创造自己的呼吸节奏！

此外，要学会识别身体从"帮我拿着啤酒，我来搞定他"（交感神经）状态转换到"现在我需要睡14个小时。"（副交感神经）状态的临界点。你可能已经对这种感觉有所了解，或者你还需要学习识别。没关系！你并不是孤单一人——阿德利在她的身体里住了33年，才体会到这种感觉。从未有人告诉她，她身体要裂开或即将破碎的感觉是一个信号，表明她已经把自己逼得太紧了，需要停下来。她会因为极度疲惫而感到恶心，不得不清空日程安排，在一天的剩余时间里泡在镁盐浴中。现在她认识到了这种感觉，并且可以说，"我需要停下，否则我崩溃和燃烧的速度比你说'过度活动'这个词还要快。"

学习抗逆力（心理弹性）和运用可变性

学会完全放松的技巧了吗？当你能用自己的方式进行冥想、呼吸或者泡澡，让自己如同婴儿在母亲的怀抱里放松时，就可以开始训练你的身体抗逆力了。

训练稳定肌的渐进式超负荷方法，同样也适用于这里。从能够轻松完成的事情开始，一点一点地增加难度。

处于交感神经紧张状态和轻微压力状态是正常的，这甚至是健康生活的一部分。这一切都与平衡有关。理想情况下，你需要根据当前情况，在"战斗吧"和"让我们冷静下来，哥们"的状态之间来回切换。

现在可以开始训练这种可变性。可能你已经在瑜伽课上训练过——老师让你保持幻椅式，即使腿部肌肉在燃烧，你也能保持呼吸的平静和顺畅。运动是一种健康的压力形式，以及，正如这本书中多次提到的，呼吸是保持平静的关键。

当感觉到其他类型的压力时也要注意——你需要认识到，适量的压力是健康和正常的。

其中一种训练可变性的方法是，将注意力集中在呼吸上，并保持完整的呼吸，即使暴露在冷热交替的环境下也要如此，例如，在水疗中心的冷水浴和桑拿浴之间切换，或者在淋浴时把水龙头在冷水和热水之间切换。

飞机上哭闹的婴儿也许是一种压力来源，在这种情况下，你可以通过练习呼吸法来进入平静与安宁。通过这类练习，当你下次再被某些负能量刺激时，也能获得同样的放松感。

这并不是说应该压抑自己的情绪，不能表现出沮丧或愤怒。这更多的是训练自己根据需要在交感神经状态和副交感神经状态之间来回切换。这可以增强在面对不可避免的压力源时减少对自身的影响的能力。

抗逆力！

帮我拿着啤酒，让我搞定他。

或

放松下来，哥们。

最后，当你觉得自己做得有点过头，在努力恢复时，请记住这句咒语："我的身体拥有超能力"。你的超能力之一就是对事物的感知比别人更强烈，比别人更容易感到疲劳和压力，这不是一件坏事。它使你能看见别人无法看见的，感知到别人无法感知的。就像听力障碍者可以学会读唇语，视力障碍者可以学会用听力打篮球一样，对压力的敏感可以帮助你过上更健康的生活，甚至成为他人健康选择的灯塔。

第十四章　与关节过度活动相关的其他问题

"其他"是个危险的词，这个词容易让人们将复杂问题简单化。希望前面的内容已经能清楚说明，如果你有某种疼痛、疾病或症状，这并不一定是由过度活动引起。举例来说，肠道问题可能只是由于饮食结构中充满了身体无法耐受的食物，而非胶原蛋白结构的异常。

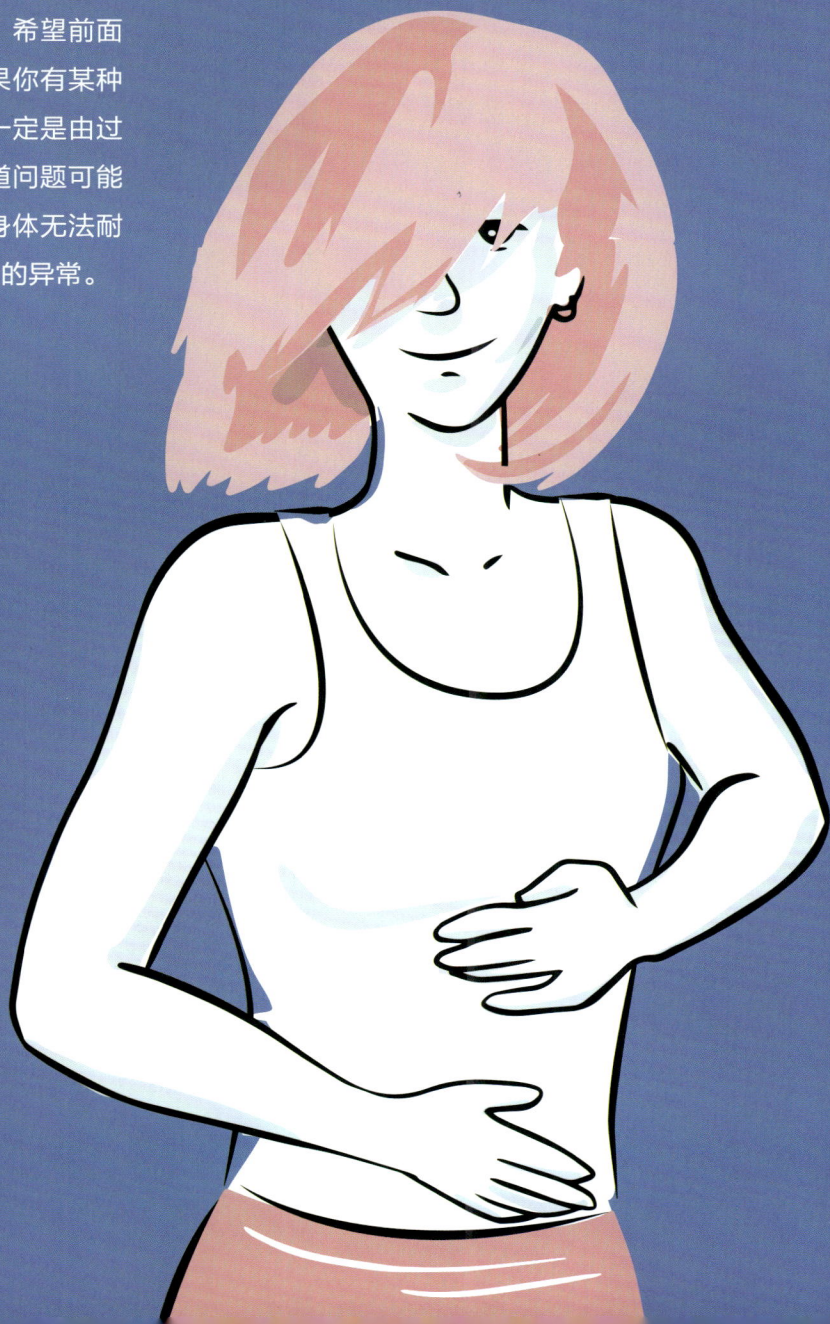

和其他章节一样，这一章的目的也是对关节过度活动者遇到的身体问题做出一些可能的解释，并提出一些可以缓解这些症状的建议。

总的来说，一切还得靠自己。将你掌握的方法应用到自身所处的独特环境中，并且以研究者或科学家的方式，不带偏见或偏好地观察研究对象（你自己）。只要日复一日完成这些，真实且充满变革性的事情就会发生。

话虽如此，但也不能掉以轻心。与关节过度活动有关的"其他"问题还有很多，而且根据我们的研究发现，"其他"

莱姆病，肥大细胞活化综合征

问题也在不断增加。随着医学和科学研究者对关节过度活动、胶原蛋白结构以及它们之间的联系给予的关注越来越多，这份问题名单可能会变得更长、更宽——更长的原因是名单上有了更多的"问题"，更宽的原因则是一些"问题"被发现与第三种情况有关，而这些情况以前与关节过度活动并没有直接联系。

与关节过度活动有关的情况包括：

- 呼吸问题
  - 哮喘
  - 姿势不良导致呼吸习惯不当
- 血液循环问题
  - 慢性头痛和偏头痛，如没喝酒也会"宿醉"——这绝对是远离酗酒的动力
  - 头晕目眩
  - 低血压（这可能会给医生留下深刻的印象，因为他们见过太多高血压患者了）
  - 体位性心动过速综合征（postural orthostatic tachy cardia syndrome，POTS）——剧

烈的眩晕不仅发生在久坐后迅速站起时，甚至躺下练习摊尸式时也会发生。

- 雷诺综合征，或由于血液循环不畅导致手脚冰凉。

- 泌尿生殖问题
  - 膀胱膨出和直肠膨出——疝的一种类型，膀胱或直肠部分挤压阴道，导致疼痛
  - 早发性失禁——见第五章
  - 子宫内膜异位症
  - 痔疮——肛门静脉曲张
  - 间质性膀胱炎——膀胱过度扩张且不能完全排空而导致感染
  - 卵巢囊肿——大多数是良性的、充满液体的囊，有时可引起疼痛
  - 阴道性交痛
  - 阴道痉挛——疼痛的痉挛

- 影响行为的脑异常
  - 注意缺陷障碍（attention defict disorder，ADD）、注意缺陷多动障碍（attention defict hyperactivity disorder，ADHD）
  - 创伤后应激障碍（post-traumatic stress disorder，PTSD）

- 特定关节问题
  - 关节炎——由于骨之间的软骨磨损而引起的关节疼痛
  - 软骨软化——膝关节软骨磨损
  - 慢性颈部劳损——见第四章
  - 腰痛、椎间盘膨出或椎间盘突出——见第五章
  - 神经性疼痛——随机出现的灼烧、瘙痒、刺痛或麻木感
  - 骨质疏松症——一种导致骨骼变得疏松、脆弱、易骨折的疾病
  - 颞下颌关节疼痛——下颌附近的疼痛
  - 肌腱炎——肌腱的炎症，过度活动者一般都了解

- 第十二章未提及的其他消化问题
  - 胃酸反流
  - 胃排空延迟——弹性过度的胃无法有效传递食物，会破坏饥饿感和满足感
  - 暴饮暴食——弹性过度的胃不断膨胀
- "其他"症状
  - 疝气和脱垂——身体内部部位不应该出现的隆起和下垂
  - 其他部位的静脉曲张

真烦人！

不过往好的方面去想，关节过度活动者似乎更容易分娩。当婴儿即将来到这个世界时，这种弹性过度的组织就派上用场了！然而，怀孕也经常伴随着骨盆带疼痛（pelvic girdle pain，PGP）、器官脱垂，并会加重腰痛和髋关节痛。

同往常一样，出现这些"问题"的原因并不简单，但有一个非常简单的解释：弹性过度的组织会导致不稳定，从而导致身体内的系统无法正常运转。在这一点上，应该不会让你感到惊讶，我们经常提醒你，身体内的一切都是相互联系的。因此，如果血液无法有效地向细胞输送营养物质，神经则无法正常地传递脑信号，那么这种功能障碍将会以某种方式开始造成损害。

幸运的是，体内的一切都相互关联意味着解决方案也非常简单。在写这篇文章的时候，我们的研究总会回到同一个结论：关节过度活动者如果能简单地关心自身的健康和福祉，就像我们在这本书中描述的那样——进行力量训练（支撑关节），吃得好（减少炎症），充分休息（让身体有时间恢复），保持警惕，倾听让我们感到健康和强壮的东西——就可以驾驭自身的超能力。

这并不是一颗只要服下就能让生活中的一切都变得更好的神奇药丸。这种药丸根本不存在，即使存在也应该糟透了。想想那些你奋起努力、克服挑战或解决问题的时光——那是你最美好的记忆和最快乐的时光。

当某一天，你锻炼完臀肌后走上街头，会无比欣喜地注意到，"哇，今天我的腰不痛了！" 或者你锻炼完了腹横肌，发现你在倒立时不仅感觉更加稳固，而且还最终了解了究竟什么才是饭后的饱腹感。

一旦理解了扭矩对下肢运动的意义，你就会疯狂上瘾。如果能将书中概述的原则付诸实践，你将不会再觉得自己像是一摊烂泥，而更像是为身体订购了升级礼包，它刚刚送达。

所以，请坚持下去，关节过度活动者们。相信我们，这是一个学习、理解、放手、与邪恶斗争的完整过程。这种斗争是为了发现那些一直在阻碍你进步的模式。学习更多，了解更多，日积月累，最终你将成为现实生活中的超人。

你是一个超级聪明的人，这一点显而易见，不过我们最后还是想说：新的研究正在不断地揭示以前隐藏在阴影中的课题。虽然我们已尽最大努力提供最新信息及最有用的发现，但可能这一页还墨迹未干，就已经有某位杰出的科学家找到了关于关节过度活动的新发现。当然，世界就是如此，所以我们只是想提醒你，要永远：

保持好奇，

用各种方式活动身体，

并相信你奇妙的身体拥有的绝对天赋。

索 引